Reiner Herrmann

Wandern im Dreiländereck

D1668580

Die Deutsche Bibliothek – CIP Einheitsaufnahme

Herrmann, Reiner:
Wandern im Dreiländereck / Reiner Herrmann.
1. Auflage - Freiburg im Breisgau: Rombach 2002
(Rombach Regionalia)
ISBN 3-7930-9326-3

© 2002. Rombach Druck- und Verlagshaus GmbH u. Co. KG,
Freiburg im Breisgau
1. Auflage. Alle Rechte vorbehalten
Lektorin: Dr. Edelgard Spaude
Umschlaggestaltung, Satz/Layout:
blue caro marketing+werbung, Freiburg im Breisgau
Herstellung: Hofmann Druck, Emmendingen
Printed in Germany
ISBN 3-7930-9326-3

Reiner Herrmann

Wandern im Dreiländereck

ROMBACH VERLAG

Tourenverzeichnis

Vorwort

Obgleich geographisch nicht klar definiert und sich über die Grenzen dreier Nationen erstreckend, bildet die Regio doch so etwas wie eine Einheit. Mannigfaltig sind die historischen Bindungen zu Geschichte, Sprache und Kultur, vielfältig die gemeinsamen Interessen von Umwelt, Wirtschaft und Verkehr. Dieser Prozeß wird sich im Zuge eines sich vereinigenden Europa weiter beschleunigen.

Wo sich Grenzen beginnen aufzulösen, zumindest wo sie längst kein unüberwindliches Hindernis mehr sind, finden Menschen leichter zusammen, lernen vor allem deren andersgeartete Lebensweise besser verstehen. Eine, wenn nicht die beste Begegnungsstätte findet sich in der Natur.

Kaum eine andere Region im Herzen Europas besticht in ihrer verschwenderischen Vielfalt so sehr wie die Landschaft von Schwarzwald, Vogesen und Schweizer Jura. Ähnlichkeiten in Feld und Wiesenflur, schattenspendenden Wäldern und stillen Bachgründen werden kontrastreich unterbrochen von gänzlich verschiedenartigen, natürlichen oder von Menschenhand geschaffenen Strukturen.

Sichtbare Zeichen sind z.B. die Vielgestaltigkeit der Gehöfte in dieser Region (siehe Schwarzwaldhof), die kahlen, aber überaus blumenreichen Hochweiden der Vogesen, oder die für den Schweizer Jura typischen Flühen. Als Anregung, sich die Landschaften der Regio selbst zu erschließen soll dieses Büchlein dienen. Tourenauswahl und Streckenlängen wurden absichtlich weit gestreut und geben damit Raum für eigene Erkundung und Ausweitung.

In diesem Sinne wünsche ich Ihnen viel Freude in der Natur, entspannende Stunden auf allen Wegen, vor allem aber über Grenzen hinweg zahlreiche zwischenmenschliche Begegnungen.

Reiner Hermann

10 Tips und Hinweise zum Gebrauch

1. Bei der vorgestellten Tourenauswahl handelt es sich um Wanderungen sehr unterschiedlicher Strecken-länge (3–18 km). Demzufolge ist die reine Gehzeit mit 1–5 1/2 Stunden (Gros 3–3 1/2) zu bemessen. Wo immer sich dies anbot, sind Hinweise auf Abkürzungen bzw. Verlängerungsmöglichkeiten angegeben.

2. Der Textteil Streckenführung gibt einen groben Über-blick mit dessen Hilfe sich mittels Karte die einzelnen Wegstationen ablesen lassen.

3. Die Routenbeschreibung bietet – gleich einem „Tou-rendrehbuch" – eine Orientierungshilfe. Für alle, die in der Handhabung einer Karte noch unsicher sind, empfiehlt sich deren Benutzung von Beginn der Wanderung an.

4. Für die Wanderroute maßgebliche Ortsbezeichnun-gen und Wegmarkierungen sind im Text entspre-chend abgesetzt.

5. Die Angabe der reinen Gehzeit versteht sich als Anhaltswert. Entsprechende Zuschläge sind bei weniger Geübten sowie für Rastzeiten, Fotopausen oder Besichtigungen einzuplanen.

6. Sowohl Wanderkarten als auch die Routenbeschrei-bung geben den jeweiligen Stand zum Zeitpunkt ihrer Erhebung wieder. Obgleich mit Sorgfalt recher-chiert können zwischen Erkundung, Herstellung und Vertrieb unvorhergesehene Ereignisse (z.B. Sturm „Lothar") sowie andersgeartete Veränderungen (Wegebau) eingetreten sein. Dies gilt es im Zweifels-fall zu berücksichtigen.

7. Im Laufe der Jahre wurden von Städten und Gemeinden zur Fremdenverkehrsbelebung lokale Wanderrouten ausgewiesen. Ihre Markierung ent-springt eigener, nur im lokalen Bereich bekannter Symbolik, ist überregional nicht publiziert, so daß es mitunter zu Überschneidungen bzw. Verwirrungen mit den Markierungen des überregionalen Wander-Wegenetzes kommen kann. Versuchsweise und an

das bewährte Schweizer Modell angelehnt wurde deshalb für das Gebiet Hotzenwald (Südschwarzwald) eine Bereinigung vorgenommen. Andere benachbarte Gebiete dürften sich dem in den kommenden Jahren anschließen.

8. Ein Wanderbüchlein kann nicht zugleich ausführlicher Geschichts-, Kunst- und Kulturführer sein. Zur Auflockerung der Texte wurde dennoch versucht, dem Informationsbedarf in begrenztem Umfang Rechnung zu tragen. Innerhalb der Routenbeschreibung sind entsprechende Passagen abgesetzt.

9. Die Tourenskizze und Routenbeschreibung ersetzen nicht das Mitführen einer Wanderkarte. Uneingeschränkt empfohlen werden können für den Bereich Vogesen die Wanderkarten 1:25 000 (Institut Geographique National, IGN/in Verbindung mit dem Club Vosgien), für den Schweizer Jura die Landeskarten der Schweiz 1:25 000. Für beide Gebiete bedingt geeignet die des Maßstabs 1:50 000 bzw. 1:60 000 (Schweizer Jura). Für den Schwarzwald sind es im wesentlichen die des Landesvermessungsamtes Baden-Württemberg (in Verbindung mit Schwarzwaldverein) sowie Wanderkarten des Privatanbieters ATLASCO bzw. KOMPASS. Beratung über Eignung und Maßstäbe am besten im Fachgeschäft.

10. Nach Auswahl einer Tour sollte man sich mit Text und Karte schon zuhause vertraut machen.

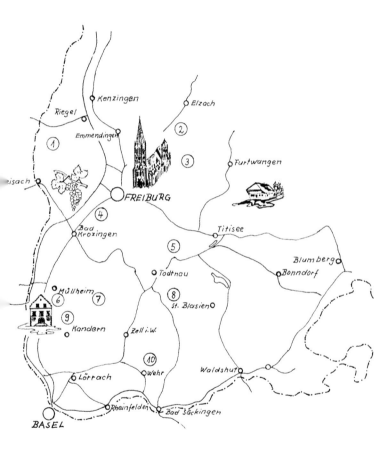

Kaiserstuhl

Im Herzen des Kaiserstuhls, wo schon im April die Maiglöckchen blühen

Während Naturliebhaber zur Sommerzeit wohl eher die kühleren Gefilde des Hochschwarzwaldes bevorzugen, kommt man im Frühling an der Sonneninsel Kaiserstuhl im Rheintalgraben kaum vorbei.

Wenn man schon vom Ausgangspunkt aus ungefähr sehen kann, in welchem Bereich sich die vorgesehene Wanderung erstreckt, ist das meist eine gute Voraussetzung. In diesem Fall sind es die Oberbergen und Schelingen wie ein Hufeisen umschließenden Berghänge, über die unsere Touren gehen. Anfang und Endpunkt ist die Winzergenossenschaft Oberbergen.

Blickt man von dort gegen den Ort, zeichnet sich links der Kirche in den dahinterliegenden Weinbergen deutlich ein zum Berghang Eichholz und weiter zum Staffelberg hinaufziehender Rebweg ab. Dieser markiert unsere Aufstiegsroute.

Streckenführung:

Oberbergen (Winzergenossenschaft) – St. Katharina Kapelle – „Schelinger Platte" – Badberg (NSG) – Oberbergen (Abkürzungsmöglichkeiten über Schelingen, Winzerweg). Erweiterung über Haselschacher Buck (NSG) – Vogelsang – Scheibenbuck.

Routenbeschreibung:

Von der WG Oberbergen gegen den Ort halten wir uns gleich bei den ersten Häusern links in die Kapellen-, nachfolgend rechts in die Hirschstraße. Auf dieser Route verläuft auch der von Riegel nach Achkarren führende Winzerweg (Markierung: rote Raute mit blauem Traubensymbol auf gelbem Grund). Nahe der Kirche orientiert man sich links und verläßt entlang der Kirchstraße das Winzerdorf.

Ein Stück entlang der nach Kiechlinsbergen weisenden Straße beginnt nach ca. 350 m das eigentliche Wanderterrain. Rechter Hand, zwischen zwei großen Lagerschuppen hindurch, dann am Fuße des Berghanges rechts aufwärts, führt es uns zu jenem schon von fern betrachteten Rebweg (Markierung: grüner Punkt). Mit jedem Höhenmeter, den wir nun ansteigen, wird die Sicht umfassender, und schon bald liegen uns Ort und Tal zu Füßen.

Was guten Wein ausmacht, wird hier bereits im Frühling deutlich. Die ideale Sonneneinstrahlung in den Talkessel, das Wärmepotential, welches im Lößboden gespeichert und sukzessive wieder an die Rebstöcke abgegeben wird, schaffen beste Voraussetzungen für einen guten Jahrgang. Halten wir im Aufstieg nur ein wenig die Augen offen, sehen wir auch, wie verschiedenartig die Bodenhorizonte beschaffen sein können. Mehr oder weniger mächtig liegt auf vulkanischer Gesteinsbasis mineralstoffreicher Löß und Humus auf. Doch nicht nur der Rebensaft, sondern auch die gesamte Fauna und Flora werden durch diese geradezu mediterrane Klimasituation begünstigt.

Zwischen Weinbergen und Wald
An der Schwelle zwischen Weinberg und Wald halten wir uns an einer Weggabelung halblinks. Unter Beachtung der grünen Punktmarkierung trifft man zwischen dem sogenannten „Auf dem Eck" und Staffelberg auf den Kammweg. Nach rechts, d.h. in östliche Richtung, wandern wir nun weiter auf der Route des klassischen Querwegs Rhein-Kaiserstuhl-Schwarzwald (Markierung: rote Raute auf gelbem Grund).

Für die nächsten 2 km können wir kaum fehlgehen, und somit bedarf es keiner Beschreibung en détail. Erst danach, d.h. am Fuße des Aufschwungs zum Katharinenberg, müssen wir uns entscheiden.

Abkürzungsmöglichkeit: Möchte man bereits hier die Wanderung abkürzen, folgt man rechts abwärts einem blauen Punktsymbol nach Schelingen und kehrt von dort entlang dem sogenannten Winzerweg nach Oberbergen zurück (siehe Skizze).

Die längere Route führt geradeaus zur St. Katharinenkapelle. Dort treffen wir auf den zwischen Riegel und Ihringen verlaufenden Nord-Süd-Weg. Entlang seiner blauen Rautezeichen auf gelbem Grund geht es nun nach rechts, d.h. in südlicher Richtung, weiter. An einem Kreuzungspunkt bietet sich uns wenig später nochmals die Chance, über Schelingen abzukürzen (Markierung: grüner Punkt/ Winzerweg).

Bei der größeren Runde gelangt man nachfolgend im Wald zu einem bemerkenswerten Grenzstein von 1567. Es handelt sich hierbei um einen sogenannten „Dreimärker". Ausführliche Erklärungen findet man auf einer Tafel vor Ort.

Botanische Vielfalt:
Der Nord-Südweg (blaue Raute auf gelbem Grund) trifft bei der von den Einheimischen mit „Schelinger Platte" bezeichneten Parkplatz (ca. 2 Std. Gehzeit). Wir überqueren hier die Straße und setzen auf der anderen Seite den Weg im Wald fort. Wenig später führt er uns hinaus in die für den Kaiserstuhl typischen Mager- bzw. Trockenrasengebiete. Durch sie und ihre botanische Vielfalt hat der Kaiserstuhl seinen besonderen Ruf unter den Naturfreunden erlangt. Der Bestand an seltenen Orchideen ist nur ein Beispiel. Von herausragender Bedeutung sind vor allem der vor uns liegende Haselschacher Buck bzw. rechter Hand der Badberg. Über letzteren verläuft unsere Wanderroute. Hierzu weichen wir schon kurz darauf bei einer Abzweigung vom Nord-Südweg ab (Erweiterungsmöglichkeit geradeaus über Vogelsang) und halten uns nach rechts entlang einer mit rotem Punkt bzw. schwarzem Burgsymbol gekennzeichneten Strecke hinüber zur kahlen, abgerundeten Bergkuppe des Badbergs. An seinem westlichen Abhang absteigend führt uns der Weg wieder nach Oberbergen zurück.

Information

- **Ausgangspunkt/-ort:** Oberbergen (SBG-Haltestelle WG)
- **Wegstrecke:** 13 km; Abkürzungsmöglichkeiten über Schelingen (Winzerweg) 10 bzw. 11 km. Erweiterung über Haselschacher Buck – Vogel sang – Scheibenbuck, 16 km (siehe Wegskizze).
- **Gehzeit:** 3 Std.
- **Einkehrmöglichkeit:** diverse in Schelingen (u.a. Gasthaus Sonne) und Oberbergen bzw. zur Wandersaison an Wochenenden Imbiß/Ausschank an der St. Katharinenkapelle.
- **Karte:** 1: 30 000, ATLASCO, Blatt Nr. 240, Kaiserstuhl; 1: 50 000, Blatt 6, Kaiserstuhl - Freiburg - Feldberg, Hg. Landesvermessungsamt, Schwarzwaldverein.

Südschwarzwald

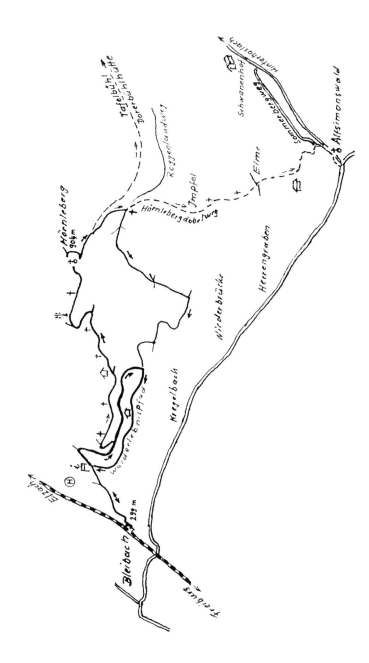

Spaß für Groß und Klein auf dem „Walderlebnispfad"

Viele Lehrpfade unterschiedlichster Art sind in den letzten Jahrzehnten entstanden. Reichlich mit Lob bedacht wurde die Eröffnung eines sogenannten Walderlebnispfads in Bleibach, denn er enthält einige neue Ansätze im Blick auf das Beziehungsgeflecht Mensch und Erholungsraum Wald. Besonders die angeborene Neugier von Kindern wird auf diesem Erlebnispfad angesprochen. Deren mitunter noch nicht sehr ausgeprägte Wanderlust dürfte hier von Entdeckungsfreude und spielerischem Stationserleben überlagert sein.

Streckenführung

Bleibach – „Walderlebnispfad" bzw. erweiterte Runde – Wolfsgrubenhütte – Hörnleberg (Stationenweg/Wallfahrtskapelle). Rückweg: u.a. Impfel – Elme – Altsimonswald.

Routenbeschreibung

Aus dem Freiburger Raum kommt man mit der Elztalbahn, die mittlerweile im Stundentakt verkehrt, bzw. mit dem SBG-Bus der Linie Freiburg – Simonswald – Furtwangen zum Ausgangspunkt der Wanderung. Gute Argumente also, das eigene Auto in der Garage zu lassen. Schon am Bahnhof bzw. bei der Tourist-Information kann man sich eine Begleitbroschüre für den Erlebnispfad besorgen. Am Bahnhof von Bleibach weist uns bereits auf dem Vorplatz ein buntbemalter Wurzelmann die Richtung zum Walderlebnispfad und eine Wandertafel zum Hörnleberg (blaue Rautenmarkierung). In der Bahnhofstraße hält man sich etwas links, gleich darauf nahe der Bahnunterführung rechts; wir biegen schräg gegenüber dem Gasthaus zur Sonne in die Hörnlebergstraße ein. Das Teersträßchen umgeht ein altes Fabrikgebäude (Baustoffhandel) und steigt danach an. Während nachfolgend die Abzweigung zum Hotel Silberkönig unbeachtet bleibt, erreichen wir am Waldrand eine große Infotafel („Walderlebnispfad"). Auf dem Pfad angekommen folgt man am besten dessen Richtungspfeilen. Entlang dem Hörnleberg-, Kapellen-, Pirsch- und Rebbergweg führen sie uns gegen Ende zu einem schönen Rastplatz mit Brunnen, Hütte und Grillstelle, wo das obligatorische Vesper oder Würstlegrillen der Tour erst die richtige Würze gibt.

Hoch hinaus

Wem der Sinn nach mehr und höherem steht, peilt am besten gleich den Hörnleberg (Stationenweg) an. Auf 5 km Streckenlänge ist der Höhenunterschied von 600 Metern aber schon recht beachtlich. Zwischen 1 1/3 – 2 Std. sind hierfür zu veranschlagen. Gemäßigt, aber stetig geht es bergan den Hörnlebergweg (Markierung: blaue Raute) hinauf. Oben erwartet uns vor allem eine schöne Aussicht. Zwischen dem 1. Mai und Buß- und Bettag finden an dieser Stelle Wallfahrten mit Gottesdiensten statt. Während der übrigen Zeit sind sowohl die Marienkapelle wie der nebenliegende Gastronomiebetrieb geschlossen. Erstmals urkundlich erwähnt wurde die Kapelle übrigens 1469. Eine Bruderschaft kümmerte sich seinerzeit um das Gotteshaus und versorgte auch die Pilger in einem nahegelegenen Wirtshaus. Im Dreißigjährigen Krieg und durch Feuer mehrmals zerstört, während der Säkularisierung aufgelöst und abgetragen, entstand der beliebte Wallfahrtsort in der Folgezeit jedoch immer wieder neu und erfreut sich heute wieder lebhaften Zuspruchs.

Für den weiteren Weg stehen nun eine ganze Reihe von Möglichkeiten zur Auswahl:

1. Über Tafelbühl in Richtung Rohrhardsberg (Markierung: blaues Rautensymbol) zur Mehrtagestour erweiterbar.

2. Vor bzw. nach dem Tafelbühl (blaues Rautezeichen) nach rechts ins Haslachtal absteigen. Zugang dort nach Simonswald. Zunächst verläuft die mit blauer Raute markierte Route mehr oder weniger entlang der nach Osten weisenden Kammlinie. Eine erste Abstiegsmöglichkeit bietet sich nach ca. 1/2 Std. beim Erinnerungskreuz an L. Kuner (Schlüsselstelle!). Wir nehmen 50 m danach den halbrechts weisenden Weg (ohne Markierung). Es folgt eine Rechtskehre und kurz darauf der Hinweis auf den Wanglerhof. Um diesen Talzielort zu erreichen, weicht die Route zunächst ein kurzes Stück nach links ab, und bei einem kleinen Bachlauf steiler werdend geht es dann rechts hinab. Im weiteren Abstieg – Seitenzweige außer acht lassend – nimmt man stets den talweisenden Hauptweg. Im Haslachtal zunächst entlang der Straße, können wir später auf den parallel dazu verlaufenden Sommerbergweg ausweichen. Der Abstieg erfordert etwas Orientierungsvermögen (Kartenabgleich).

3. Vom Hörnleberg lediglich ein kurzes Stück entlang der blauen Rautenmarkierung in Richtung Tafelbühl. Wir weichen in der ersten Senke rechts ab und gelangen nachfolgend zur Wegteilung Hörnlebergdobel-/Roggenlandweg (Schlüsselstelle!). Eine Möglichkeit ist, auf dem Hörnlebergdobelweg zu bleiben, d.h. wir folgen dem Stationenweg, der über Impfel – Elme – Hesshackenweg nach Altsimonswald führt (ca. 1 1/4 Std./rote Punktmarkierung). Dort kann man die Tour mit einer Einkehr im stattlichen Gasthof Krone – Post ausklingen lassen (Bus-Anschluß).

4. Die Alternative: Wie bei Vorschlag 3 folgt man zunächst dem blauen Rautensymbol, geht in der ersten Senke rechts ab und kommt zur besagten Weggabelung Hörnlebergdobelweg/Roggenlandweg (Schlüsselstelle!). Hier weichen wir vom breiten Waldfahrweg (Hörnlebergdobelweg) ab und biegen rechts in einen steiler abfallenden Waldweg ein. Diese Abstiegsroute hat den Vorteil, daß wir auf ihr direkt wieder zum Ausgangsort Bleibach zurückkehren können und dabei selbst noch ein gutes Stück vom Walderlebnispfad mitbekommen. Der Zugang ist mit einem roten Punktsymbol markiert, was irreführend ist, denn mit diesem Symbol ist die Route i.R. Altsimonswald (Stationenweg) gekennzeichnet. Doch das soll uns nicht weiter irritieren, denn damit hat man den richtigen Einstieg gefunden, und diese Art von Markierung verliert sich schon bald. Dessen ungeachtet steigen wir ab bis durch den lichten Wald bereits das Grün einer Talwiese zu erkennen ist. Hier treffen wir auf einen breiten Querweg, auf dem wir rechts weitergehen (ohne Markierung). Nicht allzu hoch über den Weidhängen schlängelt sich dieser nahezu eben durch den Wald in Richtung Bleibach. Er umgeht dabei einige Taleinschnitte und mündet schließlich in den Walderlebnispfad (siehe Skizze). Mit den Stationen Rasthütte und Rebbergweg schließen wir diese erweiterte Rundtour ab (Abstieg ca. 1 1/2 Std.).

Information

- **Ausgangsort:** Bleibach
- **Anfahrt:** Elztalbahn bzw. SBG-Bus
- **Wegstrecke:** 10,5 km (Route 3), 12 km (Route 4), Walderlebnispfad 3 km
- **Gehzeit:** 3 1/4 – 3 1/2 (Routen 3+4); Walderlebnispfad 1 – 2 Std.
- **Einkehrmöglichkeit unterwegs:** Hörnleberg, jedoch nur zu bestimmten Zeiten (bei Tourist-Information erfragen), in Bleibach „Gasthaus Sonne", Hotel „Silberkönig", in Altsimonswald „Gasthof Krone – Post".
- **Karten:** 1: 30 000 ATLASCO, bzw. 1: 50 000 Landesvermessungsamt, Schwarzwaldverein.
- **Hinweise:** Weitere Auskünfte sowie Begleitbroschüre für Walderlebnispfad bei Tourist-Info Bleibach Tel. 07685/910128. Broschüre auch in allen Gaststätten der Umgebung erhältlich.

Südschwarzwald

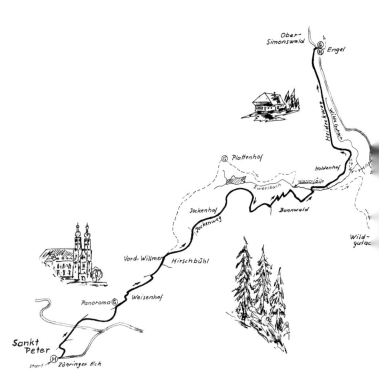

Tour für „Einsteiger" von St. Peter nach Simonswald

Eine Tour für „Einsteiger" wird versprochen und das im doppelten Wortsinn. Zum einen benutzen wir für den Zu- und Abgang den Bus, zum anderen handelt es sich bei der Wanderroute um eine gut markierte Einwegstrecke, bei der auch weniger Versierte ans Ziel gelangen dürften. Die Südbaden Bus GmbH befördert uns von Freiburg über das Glottertal hinauf zum Ausgangspunkt in St. Peter. Eine weitere Verbindung besteht über Kirchzarten – Stegen – St. Peter.

Streckenführung
St. Peter (Zähringer Eck) – Schmittenbach – Vordere Willmer Höhe (940m) – Jockenweg – Jockenhof – Zweribachfälle – Haldenhof – Heideckweg – Obersimonswald (Gasthaus Engel).

Routenbeschreibung
Nur wenige Meter von der Haltestelle Zähringer Eck entfernt befindet sich ein Parkplatz für Busse, gegenüber ein Unterstellhäuschen, WC, Infotafel und Telefon. Dicht daneben an einem Laternenmast befestigt, ist eine große Wandertafel, auf der in der zweiten Zeile von oben zu lesen ist: Vord. Hochwald – Zweribachfälle 7,5 km (grüne Punktmarkierung), dort wollen wir hin. Es gibt viele Wege zu den Wasserfällen und weiter zu unserem Endziel Obersimonswald, und versierte Tourengeher haben hier sicher ihre ganz speziellen Schleichwege, für uns gilt jedoch der folgende:
Vom Unterstellhäuschen orientieren wir uns an den grünen Punktsymbolen nach rechts in Richtung Turn- und Festhalle. Ein Pfad leitet aufwärts zum Mühlegraben, und dort hält man sich zwischen der Häuserzeile abermals rechts. Während an der folgenden Gabelung der Kapellenweg unbeachtet bleibt, geht es weiter geradeaus. Am Ende der Sackgasse unterqueren wir gefahrlos die Verbindungsstraße St. Peter – St. Märgen. Noch ein kurzes Stück in der Schmittenbachstraße bergan, dann geht es an einem Wegkreuz rechts auf einem unasphaltierten Wirtschaftsweg weiter.

Die vor uns am Berghang liegenden Häuser und Gehöfte gehören zum Ortsteil Schmittenbach. Zwischen ihnen liegt der weitere Anstieg. In der Hanglage quert die Rou-

25

te einen Teerweg, und unmittelbar links neben „Haus Sonja" führt ein Pfad weiter aufwärts. Am Gasthaus Panorama gehen wir nochmals auf Asphalt. Kurz danach liegt vor uns ein stattlicher Schwarzwaldhof. Noch vor dem bäuerlichen Anwesen weist uns die grüne Punktmarkierung nach links. Ein Stück oberhalb müssen wir ein wenig aufpassen. Unser Anstiegsweg beschreibt hier eine Linkskehre, nach der uns dann aber ein an einem Kirschbaum befestigter Wegzeiger rechts in den breiten Wiesenweg führt.

Nach rund 250 m Anstieg dürfte der eine oder andere etwas aus der Puste geraten sein, aber zum einen hat es keine Eile, zum anderen darf man beim Wandern ruhig auch einmal ins Schwitzen kommen. Die am Berghang reichlich genossenen Ausblicke jedenfalls sind der Mühe wert. Unter uns St. Peter, dahinter eine Lücke, die den Blick bis zu den Vogesen freigibt. Den Horizont gegen Süden begrenzt der Schwarzwaldkamm vom Schauinsland über Stübenwasen bis zum Feldberg. Schauen wir zur linken Seite, so sind dort die Kirchturmspitzen von St. Märgen auszumachen.

Auf der Anhöhe geht es nun nach rechts an einem Fernmeldemast vorbei, dann auf dem von Bergahornbäumen gesäumten Teersträßchen in Richtung Waldrand. Angezeigt wird dort die Vordere Willmer Höhe (940 m). Bis hierhin war unsere bisherige Route neben dem grünen Punkt auch mit einem blauen Rautensymbol gekennzeichnet. Letzteres weicht nun rechts ab gegen Kapfenkapelle – St. Märgen. Wir jedoch halten uns auf dem Teerweg noch ein Stück geradeaus. Während der Hirschmattenweg unberücksichtigt bleibt, müssen wir uns an der nachfolgenden Wegteilung entscheiden. Wem jetzt bereits der Sinn nach Einkehr steht, nimmt den Weg über den Plattenhof (siehe Routenskizze!). Wer hingegen sein Vesper dabei hat und die Einkehr lieber ans Ende der Tour stellt, biegt halbrechts in den Jockenweg (grüne Punktmarkierung) ein. Bis auf wenige Ausnahmen bleibt man hier vom motorisierten Fahrverkehr verschont, und da man die nächsten 3 km stets auf dem Hauptweg bleibt, läßt es sich nun ganz entspannt dahinwandern. Auf Höhe des Jockenhofs öffnet sich uns zur Linken der Wald, aber auch hier lassen wir die Nebenabzweigungen wie Brosihäusle bzw. Gschwanderdobel unbeachtet. Kurze Zeit später nimmt man in der freien Wiesenflur den

Plattensee wahr. Weglos zu ihm hinabzusteigen wäre allerdings unnütz, denn auf Höhe der Staumauer haben wir es leichter, dort führt ein kurzer Stichpfad hinab. Zurück auf dem breiten Forstweg weicht dieser nun nach Süden aus und umgeht damit einen kleinen Bachlauf. Rund 500 Meter weiter sind wir dann am eigentlichen Zugang zu den Zweribachfällen. Dorthin zweigt linker Hand vom Forstweg ein Pfad ab.

Naturszene „Bannwald"

Die Schlüsselstelle ist kaum zu verfehlen, denn außer entsprechender Markierung gibt es noch eine große Tafel, welche die Grenze zum „Bannwald" anzeigt. Waldstücke wie diese sind seit jeher von wirtschaftlicher Nutzung freigestellt. Alles bleibt, wie es ist, und daher schaut es hier weniger „aufgeräumt" aus als anderswo im Forst. Obgleich zumindest die Pfade freigehalten werden, kann es schon auch passieren, daß wir über einen frisch gefallenen Baumstamm oder einen abgesprengten Felsblock krabbeln müssen. Der Hinweis auf gutes Schuhwerk ist auf jeden Fall berechtigt. Der Abstieg im steilen Waldgelände ist imposant, die Szenerie geprägt von Urgestein, herrlichem Mischwald und Totholz aus dem bereits wieder neues Pflanzenleben an Jungbäumen, Flechten, Moosen und Farnen heranwächst.

Schon etwas ungeduldig, ob man denn die Wasserfälle verpaßt hat, vernimmt man aus der Ferne leises Plätschern, das mit zunehmender Annäherung zu mächtigem Rauschen anschwillt. Ein Eisensteg dient als Schaubühne, die Route selbst aber leitet davor rechts abwärts. An dieser Stelle ist auch bereits Wildgutach bzw. Obersimonswald angezeigt (Markierung: blauer Rhombus). Weiter unten, unmittelbar an der Grenze zwischen Bergwald und Weide, erreicht der Wanderer einen schönen Rastplatz mit Schutzhütte.

Wie lange Zeit zum Verweilen bleibt, läßt sich nun in etwa abschätzen. Zur SBG-Bushaltestelle beim Engel in Obersimonswald sind es von hier aus noch 4 km, also rund eine Wegstunde.

Beim weiteren Abstieg passiert man zunächst ein inzwischen zum Ferienhaus umfunktioniertes Schwarzwaldhaus, nachfolgend treffen wir auf eine Schranke und lassen damit das Bannwaldgebiet hinter uns. Wir wenden uns hier links (Hirschwinkelweg), wechseln über den Zweribach zur anderen Hangseite. Eine Etage tiefer gilt es, sich an einem Wegteiler zu entscheiden. Rechts geht es nach Wildgutach (3 km, blauer Rhombus). Wer dort am Gasthaus Löwen den Bus nehmen möchte, sollte vorher den Fahrplan zu Rate ziehen. Häufiger bedient wird die Direktverbindung Furtwangen – Gütenbach – Simonswald. Nach Obersimonswald (Haltestelle Engel 3 km) geht es links, und damit befinden wir uns auf einem Teilstück des Querwegs Breisach – Donaueschingen, gekennzeichnet mit rotem Rhombus auf gelbem Grund. Bereits nach kurzem Wegstück auf dieser klassischen Fernwegstrecke trifft man auf den Haldenhof, auch er ist längst zu einem Feriendomizil umgebaut. Danach kommt eine Wegteilung (Schlüsselstelle!). Unsere Wegstrecke hält sich hier links in Richtung Obersimonswald. Nach kurzem Anstieg mündet der Pfad in einen breiten Weg ein. Von erhöhter Warte hat man nun einen herrlichen Blick ins obere Simonswäldertal. Etwa eine halbe Stunde ist es jetzt noch bis zum Gasthof Engel und auf dem breiten Heideckweg dort hinab findet die Wanderung ihren Ausklang.

Information

- **Ausgangspunkt-/ort:** Sankt Peter (Zähringer Eck)
- **Zu-/Abgang:** SBG-Bus Freiburg – Glottertal – St. Peter (alternativ über Kirchzarten – Stegen – St. Peter)
- **Wegstrecke:** 11 km; Verlängerungsmöglichkeit bis Alt- bzw. Untersimonswald (Querweg)
- **Gehzeit:** 3 1/2 Std.
- **Einkehrmöglichkeit:** Plattenhof (Di. Ruhetag), Hotel/Gasthof Engel Mo. u. Di. Ruhetag
- **Karte:** u.a. 1: 30 000 Hg. ATLASCO; 1: 50 000 Hg. vom Landesvermessungsamt, Schwarzwaldverein

Südschwarzwald

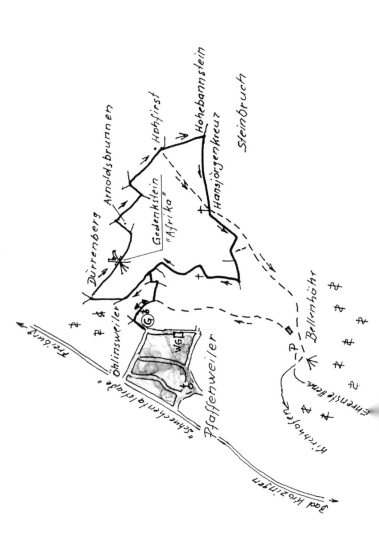

Wandern im Schneckental

Geschichte läßt sich nachlesen. Man kann aber auch auf ihren Spuren wandeln. Wie rund um Pfaffenweiler, wo es im Frühling im Rebland und lichten Buchengrün am schönsten ist.

Auf einer von Reben bestandenen Anhöhe nahe dem Winzerort Pfaffenweiler befindet sich ein Gedenkstein. Seine stilisierte Symbolik, zwei gen Himmel gereckte Hände, paßt zu der ins Fundament gemeißelten Inschrift: „Not, Armut und Mißernten führten im 19. Jh. zu Auswanderungen. 1853 zogen 132 Bewohner nach Nordafrika. Die Gemeinde mußte den Auszug ihrer Kinder durch Abholzen auf dem danach benannten Gewann „Afrika" finanzieren. Schwer war das Los in der Fremde und die Hoffnungen zerrannen in Tränen und Bitterkeit wie uns Briefe und Hilferufe berichten."

Welche persönlichen Schicksale sich hinter diesen Worten verbergen, läßt sich aus heutiger Sicht nur erahnen. Noch im 19. Jh. erlebte Baden eine Reihe von Mißernten, was zu sogenannten Hungerwintern (u.a. 1816/17) führte. Sofern nicht kirchliche Institutionen, wie z.B. die Klöster, sich der Ärmsten annahmen, lag dies in der Verantwortung der jeweiligen Gemeinde. Angesichts des raschen Anstiegs der Bevölkerung waren ihre Hilfsmöglichkeiten aber sehr begrenzt. So versprachen sich nicht wenige Bürger durch Auswanderung (u.a. nach Amerika oder Afrika) die Linderung ihrer Not. Chroniken vieler badischer Gemeinden in unserem Raum geben davon Zeugnis.

Streckenführung
Pfaffenweiler (Stubenhaus) – St. Barbara/Rosalia Kapelle – Gedenkstein („Afrika") - Arnoldsbrunnen – Herbertsruhe – Hohfirst – Hohebannstein – Hansjörgenkreuz – Hohebannsteinweg (bzw. über Bellenhöhe) - Grünwasenhütte – Pfaffenweiler

Routenbeschreibung
Zur Fahrt an den Ausgangsort bietet sich aus dem Raum Freiburg der zwischen Freiburg und Bad Krozingen verkehrende SBG-Bus an. In der sich daran anschließenden Rundtour ist der erwähnte Gedenkstein nur eine von weiteren geschichtsbezogenen Stationen. Neben der Halte-

stelle „Stube" werden wir gleich mit mehreren Kapiteln aus der Ortschronik konfrontiert. Da steht z.B. die neu gepflanzte „Friedenslinde", und nebenan wird auf die Beziehung mit Jasper (USA) hingewiesen. Anders als das mißglückte Unternehmen „Afrika", hatten Pfaffenweiler Auswanderer in Amerika offensichtlich mehr Glück. Sie ließen sich dort in verschiedenen Staaten, u.a. in Indiana nieder. Zu den Nachfahren in Jasper bestehen übrigens seit Jahren nicht nur verwandtschaftliche, sondern auch partnerschaftliche Bindungen.

Man könnte fortfahren mit den historischen Betrachtungen denn gegenüber steht unübersehbar eines der prächtigsten Profanbauten des Breisgaus, das Gasthaus zur Stube. Mit seinem gotischen, über drei Geschosse reichenden Staffelgiebel, Erker und Treppenanbau gleicht es einem Landschlößchen; es war dereinst jedoch Gemeindehaus, des Bürgers „Stube" eben. Ob finanziert aus guten Weinjahren oder dem Gewinn aus den nahen Kalksteinbrüchen, auf jeden Fall ließ ein gewisses Selbstbewußtsein der Bürger an diesem Ort 1575 ein solch stolzes Gebäude, ausgestattet mit Weinkeller, Festsaal und Ratsstube, entstehen. Später (1821) mußte es leider durch Notverkauf veräußert werden, ein Symbol wirtschaftlichen Auf- und Abstiegs der damaligen Zeit.

Linker Hand neben dem Stubenhaus teilt sich die Kapellenstraße. Ein Zweig führt unmittelbar neben dem Stubenhaus aufwärts, der andere nach links, also gegen Freiburg. Wir halten uns in den letzteren, gelangen damit zur Bäckerei Kaiser, nachfolgend zur St. Barbara/Rosalia Kapelle. Genau genommen befinden wir uns damit im alten Dorfkern von Öhlinsweiler. Nach dem Wohnort gefragt würde hier jedoch niemand sagen, er sei aus Öhlinsweiler, denn nicht erst in neuerer Zeit ist man unter dem Gesamtdach Pfaffenweiler vereint. Bereits 1492 wurde in einem Dokument auf die Zusammengehörigkeit hingewiesen, zudem verband beide Ortsteile eine gemeinsame Vogtei. Ganz in der Nähe der Kapelle liegen einige schöne alte Winzerhöfe aus dem 16. Jh. Besonders sehenswert sind die Häuser Nr. 8 und 10. Das Wohngebäude steht giebelseitig zur Dorfstraße, die Zufahrt zum Innenhof führt durch einen sogenannten „Schwiboge": eine große, geschwungene Toreinfahrt für die Fuhrwerke, ein kleiner Zugang für die Bewohner. Diese Bauweise versinnbildlicht die typisch alemannischsüdbadische Hofstruktur des Mittelalters. Der Blick in einen anderen Innenhof (Kapellenstraße 16) zeigt neben der Scheune einen markanten turmähnlichen Anbau, die alte Ölmühle. An geschichteten Trockenmauern entlang geht es nun weiter aufwärts ins Oberdorf, und dort biegen wir links in den Kehlenweg ein. Nach steilem Aufschwung durch ein Neubaugebiet gelangt man auf eine Querstraße. Auf ihr wenige Schritte links, biegt man rechts in einen geteerten Wirtschaftsweg ein (Schlüsselstelle!). Entlang einer eingezäunten Obstwiese führt er uns aufwärts zum Waldrand. Unmittelbar davor wenden wir uns scharf links in die Rebzone. Zunächst ist der Weg noch eben, erst ab dem Schild „Wäschholenweg" steigt er halbrechts an zum Fohrenplatz. Mit jedem Schritt bergan wird die Sicht nun umfassender. Über das Schneckental hinweg liegt breit hingestreckt der Batzenberg, an dem auch Pfaffenweiler Winzer ihren guten Anteil haben.

Vor dem Wegzeiger U. Dürrenberg geht es links, und wenig später erreichen wir den oberen Rand der Weinberge. Der Steinerhäusleweg bleibt an dieser Stelle unbeachtet, und auch den Dürrenbergweg – er führt in den Wald – verfolgen wir nun nicht weiter. Statt dessen hält man sich unmittelbar rechts am Waldrand aufwärts und erreicht kurz darauf den beschriebenen Gedenkstein.

Eine in einem Verein zusammengeschlossene Interessengemeinschaft unter dem Motto „Gastliches Schneckental" hat in und um Pfaffenweiler die örtlichen Sehenswürdigkeiten mittels einiger Wanderrouten verknüpft. Auf unserem bisherigen Weg haben wir bereits das eine oder andere Hinweisschild bemerkt. Für den nachfolgenden Streckenabschnitt Arnoldsbrunnen, Herbertsruhe, Hohfirst, Hohe Bannstein bis zum Hansjörgenkreuz können wir uns jetzt anhand der Richtungspfeile dieser Metalltäfelchen orientieren. Zunächst halten wir uns unmittelbar nach dem Gedenkstein in den Arnoldsbrunnenweg. Wenig später biegt davon links der Pfad zum eigentlichen Arnoldsbrunnen ab. Danach geht es noch ein Stück weiter aufwärts und unmittelbar an der Grenze zwischen Hoch-/Jungwald rechts ab. Beim Einmünden in einen breiten Forstweg folgen wir diesem nach links und sind wenig später an der sogenannten „Herbertsruhe". Von dort steigen wir hinauf zum Hohfirst, mit 496 m höchster Punkt der Rundtour. Zwei Streckenvarianten werden hier angeboten. Rechter Hand (Holzschranke) führt eine auf kürzestem Weg zum Hansjörgenkreuz (Rastplatz). Sofern der Boden nicht zu aufgeweicht ist, sollten wir jedoch geradeaus weitergehen, d.h. die Route über den Hohe Bannstein (Hohebannstein) nehmen. Man verläßt dabei den breiten Waldweg und steigt auf einem Pfad in direkter Linie in südlicher Richtung abwärts. Bei Feuchtigkeit kann es hier allerdings rutschig sein. Beim Abstieg kommt man allerdings an zwei besonders schönen Exemplaren von Grenzsteinen vorbei.

Nutzen oder Bewahren

Zwar von Wind und Wetter gezeichnet, von Eisenbändern gegen weiteren Verfall geschützt, war das Original des „Hohe Bannstein" (Datierung vermutlich 1748) für viele Wanderer nicht nur Wegmarke, sondern ein in Stein verewigtes Geschichtszeugnis. Mehrere Jahrhunderte hatte der alte Grenzstein überdauert, bis er eines Tages (1997) von Unbekannten zerstört wurde. Die Reste wurden geborgen und befinden sich nun neben anderen sichergestellten Grenzsteinen im kleinen Dorfmuseum von Pfaffenweiler. Ohne die Patina der Jahrhunderte, steht an derselben Stelle jetzt eine Nachbildung. Die Wappen zeigen das des Lazarus von Schwendi für Kirchhofen, das der Herren von Schnewlin-Bernlapp für Bollschweil, das des Klosters St. Gallen für Ebringen, das markgräflich-badische für Wolfenweiler und das der Herren von Staufen mit den drei Kelchen für Pfaffenweiler. Am Hohebannstein werden wir jedoch nicht nur mit der Vergangenheit, sondern auch mit der Gegenwart konfrontiert. Bis vor wenigen Jahren herrschte hier noch Waldesstille bis sich schneller als gedacht der Kalksteinbruch bis nahe an den Standort des Hohebannstein heranschob. Die Gesteinsvorräte gehen zur Neige, und die Begehrlichkeit der Betreiberfirma richtet sich nun in westliche Richtung gegen den Ehrenstetter Urberg. Schon die Absicht, dort probeweise Gestein abzubauen, hat jedoch unter der Bevölkerung von Bollschweil und Ehrenstetten kontroverse Diskussionen ausgelöst. Wie wir auf unserer Wanderung unschwer erkennen werden, ist der Ehrenstetter Bauernwald aufgrund traditionell extensiver Bewirtschaftungsart einer der schönsten und ökologisch intaktesten Mischwälder weit und breit und als Naherholungsgebiet gleichermaßen von Einheimischen, Tagesbesuchern, Feriengästen, Weinliebhabern wie Freizeitsportlern geschätzt.

Die weiteren Wegstationen vom Hohebannstein aus:
Hansjörgenkreuz – Hohebannsteinweg – Buchwaldweg –
Grünwasenhütte – Pfaffenweiler. Erweiterungsmöglich-
keit über die Bellenhöhe (schöne Aussicht).

Zunächst geht es auf dem breiten Forstweg in Richtung
Kirchhofen (rote Punktmarkierung). Auch entlang dieser
„Banngrenze" stehen übrigens einige der wappenverzier-
ten Grenzsteine. Infolge des immer breiteren Wegebaus
für die Forstfahrzeuge sind jedoch auch diese gefährdet,
teilweise bereits beschädigt. Kurz nach dem Hansjörgenkreuz gibt es zwei Routenmöglichkeiten. Am einfachsten
ist, man bleibt auch nach dem Hansjörgenkreuz (Rastplatz) auf dem breiten Forstweg (Hohebannsteinweg). Im
Abstieg bleibt dabei der Arnoldsbrunnenweg unbeachtet.
Erst in den nachfolgenden Weg biegen wir rechts ein.

Variante: Man hält sich kurz nach dem Hansjörgenkreuz
halblinks in einen Pfad. U.a. ist dieser mit einer blauen
Punktmarkierung und dem Hinweis Pfaffenweiler versehen. Bei dieser Variante folgen wir aber zunächst noch
ein gutes Wegstück den Hinweisen in Richtung Kirchhofen (Ehrenkirchen). Dabei bietet sich uns von der Bellenhöhe aus ein herrlicher Blick auf die Rheinebene und den
Burgberg von Staufen. Nach dem Abstieg, entlang der
Grenze zwischen Wald und Reben, hält man sich unten
sogleich rechts. Vorbei an einem Parkplatz biegt man
unmittelbar nach dem Wasserhochbehälter halblinks in
den Trimmdichpfad ein. Wo dieser in einen breiten Holzabfuhrweg mündet, gehen wir geradeaus Richtung Pfaffenweiler (siehe Skizze).

Bleibt man hingegen nach dem Hansjörgenkreuz auf dem
Hohebannsteinweg, biegt man in den dem Arnoldsbrun-
nenweg folgenden Weg rechts ein. Am Waldrand trifft
man auf den asphaltierten Buchwaldweg, passiert einen
Waldspielplatz, nachfolgend die Grünwasenhütte. Drau-
ßen in der Rebzone an einem Kruzifix bewahrt uns ein
Richtungszeiger (ins Dorf) vor größeren Umwegen
(Schlüsselstelle!). Rechter Hand vom Wegkreuz führt die
Route am Rand eines eingezäunten Gartengrundstücks
(Pfad) geradewegs abwärts. Damit erreichen wir wieder
den bereits bekannten Kehlenweg.

Information

- ***Ausgangspunkt/-ort:*** Pfaffenweiler
  (Gasthaus Stube)
- **Wegstrecke:** 7,5 – 8,5 km (je nach Variante)
- **Gehzeit:** 2 1/2 – 3 Std.
- **Karte:** 1:30 000 ATLASCO, Nr. 215 Freiburg
  Süd, bzw. Nr. 225 Hexental, Batzenberg,
  Schönberg
- **Sonstiges:** Unter dem Logo „Gastliches
  Schneckental e.V." sind im näheren und
  weiteren Ortsbereich von Pfaffenweiler
  insgesamt 4 Wanderwege unterschiedlicher
  Länge (ges. 13,5 km) und Höhenprofil ent-
  standen. Nähere Informationen gibt es im
  Rathaus bzw. bei der Winzergenossenschaft.
  Die vorgestellte Wanderung berührt einen Teil.
  Einkehrmöglichkeit in Pfaffenweiler Gasthaus
  „Stube".

Dorfmuseum Pfaffenweiler:
(Rathausgasse: zwischen Gasthaus Stube und
Winzergenossenschaft), Öffnungszeiten:
jeden 1. Sonntag im Monat 10 – 12 Uhr,
jeden 3. Sonntag im Monat 15 – 17 Uhr,
bzw. nach tel. Vereinbarung.

Südschwarzwald

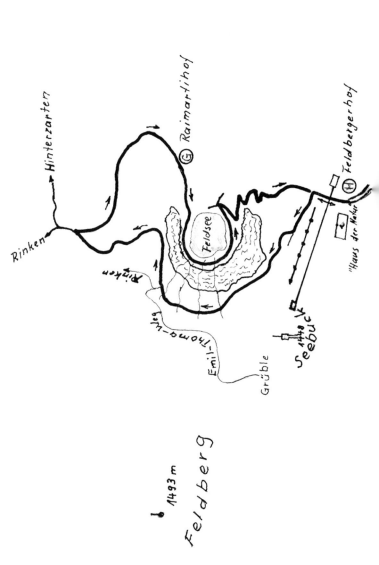

Im Feldseekar

Streckenführung

Naturschutzzentrum / „Haus der Natur", bzw. Feldberger Hof – Seebuck Hütte – Felsenweg – Teilstück Emil Thoma Weg – Raimartihof – Feldsee – Feldberger Hof/Naturschutzzentrum

Routenbeschreibung

Vom Naturschutzzentrum bzw. Feldberger-Hof geht es zunächst zur Talstation der Feldbergbahn, unweit von ihr erreichen wir die Seebuck-Hütte. Ihr zur Linken liegt das Gebäude der älteren Sesselbahn. Unmittelbar dahinter steigen wir am Waldrand ein Stück aufwärts in Richtung Seebuck. Nach ca. 250 m dürfen wir aber den Einstieg (Rastbank) zum sogenannten Felsenweg nicht verpassen. Diese Schlüsselstelle ist zwar durch einen Hinweis gekennzeichnet, der aber von einem bergwärts Wandernden leicht übersehen werden kann. Unter Freunden und Kennern der Feldbergbotanik hat der Pfad einen großen Namen, was schon an den „Stolperschwellen", dem ausgetretenen Wurzelwerk, zu erkennen ist. Ein vielfältiger Mischwald aus Fichte, Buche und Ahorn nimmt uns auf. Den nährstoffreichen Boden bedecken Farne und Sträucher. In den steilen Rinnen, die vom Grat herunterführen, suchen sich Krüppelkiefern und Eberesche zu behaupten. Starke Verwächtungen, Lawinenabgänge und Schneebruch zur Winterzeit verhindern die Ansiedlung anderer, nicht so widerstandsfähiger Baum- und Straucharten. Zunächst wird der Weg gesäumt von Farnen und einer aus verschiedenen Arten bestehenden „Hochstaudenflur". Sie wird u.a. gebildet vom hellviolett blühenden Alpendost, der oft mannshoch aufschießenden blauen Blütendolde der Alpendistel, dem Schlangen-Knöterich oder dem Gelben Enzian. Bisweilen öffnet sich uns der Blick auf den Feldsee, in dessen anthrazitfarbener Tönung sich die noch dunkleren Tannen spiegeln. Was als Seebach den Titisee speist, sich nachfolgend als Gutach, später als Wutach fortsetzt, entspringt den Quellbächen des Feldbergkars. Der im Winter reichlich in seine Steilfluchten verfrachtete Schnee bleibt bis ins späte Frühjahr hinein liegen und sorgt für nachhaltige Feuchtigkeit, was wiederum eine besondere Flora hervorbringt. So kommen wir auf unserem Pfad an Feuchtwiesen vorbei, in denen nicht nur üppig die Blütendolden von Orchideen zu sehen sind, sondern dem Kenner sich eine Fülle weiterer Besonderheiten erschließt. In den wassertriefenden Wiesen herumzulaufen, ist jedoch nicht ratsam. Bei aller Begeisterung sollte man aus Rücksicht auf die Natur hier die Wege nicht verlassen.

Unübersehbar erreichen wir nachfolgend eine Zone abgestorbener Bäume. Eine vor Ort angebrachte Informationstafel erklärt, daß auch dies Lebensraum für besondere Spezies unter den Pflanzen und Tieren ist. Ein rarer Vertreter der Tiere des Waldes ist z.B. der Dreizehenspecht. Er galt bei uns als ausgestorben, ist aber seit den Neunzigerjahren u.a. hier im Feldberggebiet wieder heimisch.

Schon bald nach der Totholzzone treffen wir auf den Emil-Thoma-Weg (Markierung: grüner Punkt). Nun können wir uns entscheiden. Folgen wir diesem bergan, so ließe sich die Blumenexkursion in Richtung Grüblesattel fortsetzen. Dort kann man entweder zum Hauptgipfel bzw. linker Hand zum Seebuck weitergehen.

Oder wir weichen, wie die nachfolgende Routenführung beschreibt, an dieser Stelle vom Felsenweg ab und halten uns auf dem Emil-Thoma-Weg (grünes Punktsymbol) nach rechts abwärts in Richtung Hinterzarten. Nach ca. 1,5 km mündet unser Abstiegspfad in einen breiten Waldweg ein. Hier verläßt man den Emil-Thoma-Weg und setzt die Route rechts auf dem breiten Weg (blaue Punktmarkierung) fort. Raimartihof (Gasthof im Schwarzwaldstil) und Feldsee sind nachfolgend unsere Anlaufziele. Mit Blickrichtung Feldberg wandern wir danach vom Raimartihof zum nahegelegenen Feldsee (breiter Fahrweg/roter Punkt). Haben wir oben zeitig den Felsenweg begangen, so werden wir auch hier unten am Gewässer fürs frühe Aufstehen belohnt. Besonders schön ist der Ort zur Morgenstille. Vorteilhaft wird der Feldsee entgegen dem Uhrzeigersinn umrundet. Auf seiner Südseite steigt der Weg etwas an, und dort halten wir uns bei einem Kreuzungspunkt rechts aufwärts (rote Punktmarkierung) zum Feldberger Hof bzw. Haus der Natur.

Information

- ***Ausgangspunkt/-ort:*** Naturschutzzentrum Feldberg
- **Wegstrecke:** 7,5 km; Streckenvariation Felsenweg – Grüblesattel – Feldberg
- **Gehzeit:** 2 1/2 Std.
- **Einkehrmöglichkeit unterwegs:** „Raimartihof", „Feldberger Hof"
- **Karte:** 1:30 000 ATLASCO, Blatt 212, Feldberg. 1:50 000, Blatt 6, Kaiserstuhl – Freiburg – Feldberg, Hg. Landesvermessungsamt, Schwarzwaldverein

Südschwarzwald

Im Markgräfler Weinland auf den Spuren des „Wiiwegli"

Ein schöneres Kompliment als die „Toscana Deutschlands" genannt zu werden, könnte es für das zwischen Staufen und Weil, dem Blauen und Rheinstrom gelegene Markgräflerland kaum geben. Hier findet man auch die bei Einheimischen und Freunden so sehr beliebten Straußwirtschaften:

„Wo's Sträußle hängt wird ausgeschenkt". Das Privileg, in sogenannten „Straußenwirtschaften" für vier Monate im Jahr eigene Erzeugnisse wie Brot, Wurst und Käse anzubieten, vor allem aber seinen Wein auszuschenken, geht auf Karl den Großen zurück. Als Förderer des Weinbaus machte er den Weingütern zur Auflage, sie mittels eines Strausses, Buschen oder einfach nur mit einem geschmückten Besen diese als Wirtschaften zu kennzeichnen, freilich nicht immer zur Freude der herkömmlichen Gasthäuser.

Obgleich der Markgräfler Weinweg, das sogenannte „Wiiwegli", jüngst bis Freiburg und damit auf insgesamt 77 Kilometer Wegstrecke verlängert wurde, liegt doch die einstige Markgrafschaft, das Herrschaftsgebiet derer von Hachberg-Sausenberg, weiter südlich, und genau dort wollen wir mit unserer Exkursion beginnen. Mit Blick auf den Schwarzwald, über die Rheinebene hinweg zu den Vogesen führt es uns dabei durch die von sanften Hügeln durchzogene Vorbergzone des Markgräfler Reblands. Zum Wandern besonders geeignet ist es im Frühjahr oder im Herbst zur Zeit der Weinlese und Laubfärbung, weniger während der heißen Jahreszeit, denn dann staut sich hier die Wärme. Und noch eines, damit bezüglich des Weges keine falschen Vorstellungen entstehen: Das „Wiiwegli", das nach alemannischer Lesart einen schmalen Weg oder Pfad bezeichnet, ist heutzutage nicht nur verbreitert, sondern streckenweise leider asphaltiert.

Streckenführung
Müllheim (Bürgerhaus) – Luginsland – Hacheracker – Auggen – Schliengen (alternativ Mauchen siehe Text).

Routenbeschreibung

Das „Wiiwegli" hält viele landschaftlich schöne Abschnitte bereit, für seine Gesamtbegehung sind drei Etappen (z.B. Weil am Rhein – Auggen, Auggen – Staufen, Staufen – Freiburg) das richtige Maß. Zum Ausprobieren greifen wir uns das mit 9 – 10 Kilometer nicht allzu lange Wegstück zwischen Müllheim und Schliengen heraus. Ausgangs- wie Zielort sind übrigens mit Öffentlichen Verkehrsmitteln (Bus/Bahn) erreichbar. Vom Bahnhof Müllheim bis zum Ausgangspunkt nahe dem Bürgerhaus sind es rund 2 km. Man kann jedoch den Bus (Ring Süd, Linie 264) benutzen, oder wir halten uns vom Bahnhof zur Bundesstraße (B 3) und kurz nach deren Übergang in direktem Anstieg hinauf zur Anhöhe Luginsland (siehe Skizze).

Beginnen wir am Bürgerhaus Müllheim, so überwinden wir die nahegelegene Verkehrsstraße (Ring Süd) mittels Unterführung und erreichen damit eine Filiale der Verkaufskette Aldi. Zwischen der Rückseite des Gebäudes und den Tennisplätzen verläuft ein Fußweg. Er führt über eine kleine Brücke, danach links haltend treffen wir auf eine Wohnblockkette an der es rechts entlanggeht. Nachfolgend greifen wir an einem Kreuzungspunkt die Markierung des Wiiwegli (Rote Raute mit gelber Traube auf weißem Grund) auf. Der geteerte Weg leitet aufwärts zum Luginsland, übrigens einem der schönsten Aussichtspunkte über das Markgräflerland. Das markante Rebhäuschen ist gleichzeitig Gedenkstätte an die im Ersten Weltkrieg Gefallenen.

Weiter geht es in südlicher Richtung entlang einer Baumallee. Es folgt nach links eine kleine Richtungsabweichung, und kurz danach treffen wir auf eine die Orte Vögisheim und Hach verbindende Straße. Wir halten uns etwa 50 m nach links zu der mit Hacher Schrenne bezeichneten Stelle, dann rechts aufwärts zum Hacheracker. Nach der Rebumlegung der Gewanne Letten und Schäf entstand an dieser Stelle ein Rastplatz mit herrlicher Rundsicht: im Osten auf die beiden markanten Berggestalten des Blauen und Belchen, über Hach hinweg zur Rheinebene. Dort sind leider auf französischer Seite rauchende Schornsteine sich mehrender Industrieanlagen zu beobachten, deren giftige Emissionen diesseits des Rheins nicht nur von den Weinbauern mit großer Sorge betrachtet werden.

In der Rebfläche unmittelbar um diesen Rastplatz erwartet uns außerdem zur Blütezeit (April/Mai) eine botanische Besonderheit. Als ich einen Winzer nach dem Namen des zwischen den Rebzeilen weiß und doldenartig blühenden Gewächses fragte, meint er nur: „jo d' Muader hed als Schnuuderli dizua gsaid". Die von der Mutter „Schnuuderli" genannten Pflanzen heißen Nickender Milchstern und sind ein Liliengewächs – im allgemeinen recht selten, doch wo sie dank etwas stickstoffhaltiger, tiefgründiger Böden auftauchen, handelt es sich meist um größere Ansammlungen.

Ein Stückchen weiter trifft man auf die Roßberg Hütte. Zwischen dieser und der Kirche von Auggen konnte ich zumindest keine Wegmarkierungen ausmachen (Stand 2002). Von der Schutzhütte geht es jedoch zunächst auf dem Teerweg etwas rechts abwärts. An der folgenden Weggabelung hält man sich links und quert damit den Rebhang. Nach dem Wasserhochbehälter Vogelsberg, an dem es unterhalb vorbeigeht, schwingt der geteerte Weg rechts abwärts und läßt den Wanderer zur Kirche gelangen. Der Weinweg selbst berührt nur den bergseitigen Teil des Ortes. Wer also mehr vom Winzerort Auggen sehen will, muß an dieser Stelle vorübergehend von der Route abweichen. Andernfalls hält man sich nach der Kirche beim Gasthaus zum Faß links und achtet auf die nun wieder vorhandenen Markierungshinweise (Rote Raute mit gelber Traube auf weißem Grund). Sie leiten durch die Straßen Am Brunnenbach – Dietrich-Koger-Straße – Blauenblickstraße. An deren Ende mündet der Weg in einen schmalen Durchlaß, und danach geht es rechts dem Hinweispfeil Mauchen folgend weiter.

Schon bald nimmt die Route des „Wiiweglis" wieder die gewohnte SSW-Richtung ein. Hier wie andernorts im Weinland erfahren wir auf sogenannten „Weinlehrpfaden" immer wieder Neues und Interessantes über den Weinanbau. Neben den Traubensorten Müller-Thurgau, Weißer Burgunder, Silvaner, neuerdings auch Chardonnay ist natürlich der Gutedel das Markgräfler Hauptgewächs (50 % der Anbaufläche), übrigens eine der ältesten Rebsorten. Ursprünglich aus Ägypten kommend, wurde sie dereinst von Markgraf Karl Friedrich von Baden vom Genfer See hierher gebracht.

Zwar ist der Zielort Schliengen noch hinter einer Bergkuppe verborgen, aber an den diversen Abzweigungen sind jeweils Hinweispfeile angebracht. Eine detaillierte Beschreibung erübrigt sich deshalb. Von dort haben wir übrigens sowohl mit Bus wie Bahn Rückfahrgelegenheit nach Müllheim.

Erweiterungsvariante

Der auf einem Stein angebrachte Sinnspruch: „Wie weit ist es noch nach Jerusalem? Siebenhundert Stunden, aber auf dem Fußweg über Mauchen ist es eine Viertelstunde näher" brachte mich auf die Idee, dort vorbeizuschauen. Freilich nicht ganz ohne Grund, denn in Mauchen gibt es ein Wirtshaus, was zumindest nach meinem Geschmack genau das vermittelt, was Markgräfler Lebensart und Gastlichkeit liebenswert macht. Auf der Wegstrecke zwischen Auggen und Schliengen sind gleich mehrere Abzweigungen in Richtung Mauchen ausgewiesen. Ob wir die erste, zweite oder dritte beim Himmelberg nehmen, ist einerlei, denn kaum nach links über die nur wenig erhöhte Bergkuppe gewechselt, sehen wir auf der anderen Seite bereits den kleinen, im Talgrund etwas versteckt liegenden Ort. Das Gasthaus Krone dort ist mein Tip.

Ausdauernde Wanderer können danach auch wieder zu Fuß nach Müllheim zurückkehren. Entweder auf derselben Route wie zuvor, das Landschaftsbild sieht aus dieser Perspektive ohnehin völlig anders aus, oder mit einigen Variationen zum Wiiwegli. Die Skizze zeigt nur einige von vielen Möglichkeiten auf.

Information

- *Ausgangspunkt/-ort:* Müllheim (Bürgerhaus); Ausgangs-/Zielort mit Anschluß an Öffentliche Verkehrsmittel
- **Wegstrecke:** 9 km (Müllheim Bürgerhaus – Ortskern Schliengen); Variante Mauchen + Rückweg Müllheim (siehe Text) 15 – 16 km
- **Gehzeit:** 1 3/4 – 2 Std.; (Verlängerungsroute 3 1/2 Std.).
- **Einkehrmöglichkeit unterwegs:** diverse in Auggen. Mauchen Gasthaus „Krone"
- **Karte:** 1:30 000 ATLASCO, Blatt Nr. 222, Baden-weiler; 1:50 000 Blatt 8 Belchen-Wiesental Hg. Landesvermessungsamt, Schwarzwaldverein

Südschwarzwald

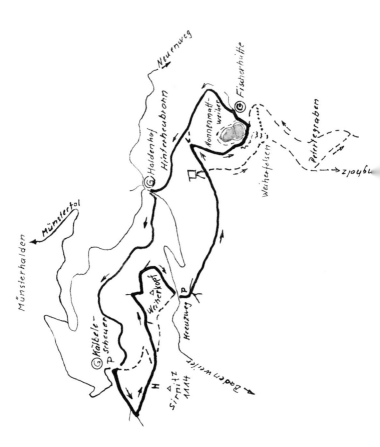

Ins Münstertal, des schauens wegen

Aus dem Münstertal kommend geht es ca. einen Kilometer nach Münsterhalden rechts ab in Richtung Kälbelescheuer, und oben angekommen genießt man einen herrlichen Ausblick. Zumindest an Wochenenden haben dies natürlich viele andere auch entdeckt, und der Platz ist dementsprechend gut frequentiert. Ganz nahe und in seiner Erhabenheit beeindruckend liegt der mächtige Bergstock des Belchen, zur anderen Seite hin, wie aus der Vogelschau, der freie Blick hinab in die Rheinebene, wo sich die Siedlungsgebiete harmonisch in das Fleckenmuster der Wiesen und Felder einordnen. Befremdlich allein ist der weiße Klotz des Atomkraftwerks Fessenheim, der bei vielen zwiespältige Gefühle hervorruft.

Streckenführung
Kälbelescheuer – Sirnitz – Weiherkopf – Kreuzweg – (Weiherfelsen) – Nonnenmattweiher – Hinterheubronn – Haldenhof – Kälbelescheuer

Routenbeschreibung
Von der Kammlage, dem Parkplatz aus, weist bergwärts ein Schild auf Weiherkopf und Kreuzweg. Wir wählen jedoch den unbeschilderten, etwas nach rechts ausholenden Hangweg. Kurz vor dem Wald befindet sich ein erster Hinweis auf unser Zwischenziel Sirnitz. Danach bleibt die Abzweigung Schnelling/Kohlplatz unbeachtet. Weiter bergan biegen wir oben, wo sich der Blick zur Südseite hin öffnet, links ab. Zunächst noch weiter ansteigend, ebnet sich bald die Wegtrasse und führt nahe einer kleinen Hütte an den oberen Rand der Weidfläche. War unten an der Kälbelescheuer die Aussicht schon beeindruckend, ist sie nun eine Etage höher fast grenzenlos. Übers Geiersnest bei St. Ulrich hinweg ist sogar ein Teil der Freiburger Bucht zu sehen.

Ein Stückchen weiter gabelt sich der Weg. Der rechte Zweig führt in direkter Linie zum Kreuzweg (Abkürzung). Zu empfehlen ist er all denjenigen, welche mit Karte und Orientierung ihre Schwierigkeiten haben. Die Versierteren umrunden vorher aber in der Halbhanglage noch den Weiherkopf, d.h. sie halten sich an dieser Stelle nach links. Dabei trifft man wenig später auf eine Wegkreuzung. Wer die Aussicht noch ein wenig genießen möchte, hält sich auch an dieser Stelle links (ohne Markierung) und wandert auf einem ebenso schönen wie aussichtsreichen Grasweg weiter. Auf der Nordseite des Weiherkopfes mündet der Weg in eine kleine Wiesenfläche. Der Gipfel des Weiherkopfes liegt zur Rechten, bleibt selbst aber unberührt. In dessen Richtung steigen wir jetzt lediglich ein Stück rechts aufwärts und treffen nach ca. 50 m auf einen Querpfad. Diesem folgen wir nach links abwärts, und kurz nachdem er um eine Felsecke leitet, geht es rechts aufwärts. Von der Beschilderung dürfen wir uns nicht irritieren lassen. Bereits nach ca. 100 m erreicht man am Rand einer Weidefläche einen Durchschlupf, und auf dem dahinterliegenden Hangweg geht es hinüber zum Kreuzweg (Talstation des Weiherkopfliftes).

Dort überqueren wir die Straße und gehen bis ans südliche Ende des großen Parkplatzes. Linker Hand, nachfolgend eher dem Waldrand folgend, geht es direkt zum Nonnenmattweiher. Etwas rechts davon verläuft im Wald eine weitere Wegtrasse, ein Stück einwärts als Oberer Roßwaldweg ausgewiesen. Auf ihm erreichen wir nach einem Kilometer (ca. 1/4 Std.) einen Jägerhochstand. Hier gilt es sich zu entscheiden: Entweder man geht nach links und nimmt den direkten Abstieg zum Nonnenmattweiher, oder man unternimmt zuerst noch einen Abstecher auf den Weiherfelsen (schöner Aussichtspunkt). Da man hier im Naturschutzgebiet einige Strecken aus dem Wanderwegenetz herausgenommen hat (siehe diverse Infotafeln), gibt es von dort aus entweder den Weg zurück zur Abzweigung am Jägerstand, oder man muß ein Stück nach Süden i.R. Jungholz ausweichen, um auf halbem Wege nach links zum Nonnenmattweiher einzuschwenken (siehe Skizze). Die schwimmenden Torfinseln sind dort besonders bemerkenswert. Man kann nun entweder am Ufer rasten oder in der nahegelegenen Fischerhütte einkehren. Vom Gasthaus hält man sich danach noch ca. 50 m entlang der Zufahrtsstraße und biegt dann halblinks i.R. Haldenhof ab. Markiert ist dieser Weg mit weiß-braun-weißem Rechteck, nachfolgend einem blauen Rautensymbol. Auf der kurzen Strecke von Hinterheubronn bis zum Haldenhof müssen wir leider mit dem Teersträßchen vorlieb nehmen.

Beim Haldenhof treffen wir auf eine Querstraße, halten uns an dieser entlang nach links und passieren damit die Eingangsfront sowie die Parkzone des Gasthauses. Nach ca. 150 m setzt auf der rechten Fahrbahnseite ein mit blauer Raute markierter Pfad an. Für das letzte Teilstück zurück zur Kälbelescheuer ist dessen Routenführung geradezu ideal. Auf 2,5 km (3/4 Std.) verläuft er auf fast demselben Höhenniveau und ist damit so recht geschaffen, die Runde in beschaulicher Weise zu vollenden. Doch was wäre eine Wanderung ohne Einkehr. Im nahen Gasthaus bei Faßwein und einem zünftigen Vesper kann man noch etwas in die Sonne blinzeln, ehe es wieder in den Dunst des Rheintals hinabgeht.

Information

- ***Ausgangspunkt/-ort:*** Kälbelescheuer (Gasthaus Montag Ruhetag)
- **Wegstrecke:** 1,5 km mit Abkürzungsmöglichkeiten
- **Gehzeit:** 3 – 3 1/2 Std. (Verlängerungsroute 3 1/2 Std.).
- **Einkehrmöglichkeit unterwegs:** Fischerhütte, Hebelhof, Gasthaus „Kälbelescheuer", Gasthaus „Haldenhof"
- **Karte:** 1:30 000 ATLASCO, Blatt Nr. 222, BADENWEILER

Südschwarzwald

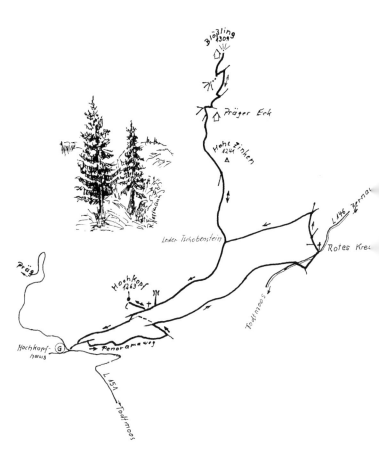

Gipfel mit Zugabe: Wandern zum Blößling

Im Landschaftsdreieck zwischen Präg, Bernau und Todtmoos verbirgt sich eines der ursprünglichsten Kerngebiete des südlichen Schwarzwaldes. Ausgedehnte Wälder, die nicht nur aus dunklen Tannen bestehen, wechseln sich mit blumendurchsetzten Weidematten. Wege und Pfade führen Naturliebhaber ebenso durch stille Bergwälder, wie zu Gipfeln, auf denen der Wanderer die herrliche Aussicht genießt.

Da ist zum einen Präg und ein Blick von der Höhe auf seine anthrazitfarbenen Hofdächer. Wenn am frühen Morgen die Sonne über den Bergkamm steigt, dann gehört das mit zum schönsten, was der Schwarzwald an Motiven zu bieten hat. Man wird gute Gründe gehabt haben, aber seit dort die neu erbauten Häuser im Talgrund mit roten Ziegeln gedeckt werden, geht von diesem Eindruck leider einiges verloren.

Nicht weniger als sechs Gletscherströme, so der geologische Befund, haben vor Millionen Jahren das Präger Tal geformt, was durchaus rechtfertigt, daß es unter Naturschutz gestellt und damit das Schutzgebiet Feldberg an seinen Randzonen erweitert wurde. Anders Bernau, das schon allein durch seinen ausgedehnten Bereich zwischen Unterlehen und Hof einen eher offenen Landschaftscharakter aufweist. Ursprünglich auf Weide- und Waldwirtschaft sowie das Schnitzerhandwerk ausgerichtet, ist seine Struktur aber nicht erst seit heute vermehrt auf den Tourismus konzentriert. Am Bekanntheitsgrad hat natürlich auch Hans Thoma Anteil, in dessen Bildern sich seine geliebte Heimat widerspiegelt. Bliebe Todtmoos wo dereinst Fürsten, Grafen und Barone und selbst Mitglieder der russischen Zarenfamilie Linderung für ihre Leiden suchten. An diese große Zeit vor dem Ersten Weltkrieg anzuknüpfen, gelang zwar nicht, aber viele Gäste von heute wissen dennoch die Vorzüge reiner, würziger Waldluft zu schätzen. Und was die Zukunft anbelangt, so erwarten alle drei Ortsbereiche vom eingerichteten Naturpark Südschwarzwald neue Impulse und Perspektiven.

Vom Weißenbachsattel (Hochkopfhaus) aus gibt es eine klassische Wanderroute über Hochkopf – Blößling - „Wacht" - Herzogenhorn zum Hebel-, bzw. Feldberger Hof. Es ist dies eine zwar weite, aber überaus interessante Einwegstrecke von 18 – 20 km. Diese erfordert lediglich bezüglich der An- und Abfahrt mit Öffentlichen Verkehrsmitteln, Hin-/Rückfahrt mit dem SBG-Bus über Todtnau bzw. Rückfahrt Dreiseenbahn ab Bärental, etwas Planung.

Wer es weniger anstrengend möchte, dem bietet nachfolgender Vorschlag eine Rundtour mit Variations- und Abkürzungsmöglichkeiten (siehe Routenskizze).

Streckenführung
Weißenbachsattel (Hochkopfhaus) – Panoramaweg – Rotes Kreuz – Leder Tschobenstein – Hirzenboden – Präger Eck – Blößling (1309 m) – Präger Eck – Hirzenboden – Leder Tschobenstein – Hochkopfturm – Hochkopfhaus

Routenbeschreibung
Der Startpunkt liegt gegenüber dem Hochkopfhaus, dort wo an einem Pfahl diverse Wanderhinweise befestigt sind. Von hier aus halten wir uns rechts aufwärts, d.h. in nordöstlicher Richtung. Während sich schon bald der Westweg (rote Raute) sowie die Strecke zum Hochkopf in den Wald hinein absetzt, bleiben wir auf dem breiten, mit feinem Kies belegten Wirtschaftsweg außerhalb des Forsts. Nach ca. 300-400 m (Schlüsselstelle!) setzt rechter Hand der Panoramaweg an. Dessen Trasse verläuft etwas oberhalb der nach Todtmoos führenden Fahrstraße. Zunächst auf einem Pfad an der Grenze zwischen Wald und Weide entlang wechselt man nach einem Durchlaß im Weidezaun auf einen breiten Weg. Wo dieser sich nahe einer Rastbank gabelt, geht es auf dem oberen Zweig weiter. Nach erneutem Zaundurchschlupf windet sich eine Pfadspur durch den Wald, umgeht somit einen Hangeinschnitt, um nachfolgend wieder in den breiteren Weideweg einzumünden. Gab es zwischenzeitlich Markierungslücken, so ist an dieser Stelle ist der Panoramaweg wieder angezeigt. Bei schöner Aussicht weiter durch die Weidfläche, treffen wir bald auf einen von Hintertodtmoos heraufführenden Weg, markiert mit rotem Rechteck. Diesem folgen wir nun links aufwärts in Richtung Hochkopfturm. Oben am Waldrand kommen wir an einem besonders prächtigen Exemplar von „Weidbuche"

vorbei. Deren Formgebung wurde maßgeblich durch den Jahrhunderte währenden Weidebetrieb bestimmt. In den Wald eintauchend treffen wir nach weiterem Aufstieg auf einen breiten Querweg.

Eine erste Abkürzungsmöglichkeit bietet sich hier geradeaus zum Hochkopfturm. Andernfalls hält man sich auf dem Querweg rechts und orientiert sich nun am Wanderzeichen einer blauen Raute mit weißem Vertikalstrich. Noch vor dem Roten Kreuz führt der Weg hinaus auf die Freifläche. Beim Einmünden in die Fahrstraße halten wir uns entweder links an ihr ca. 250 m entlang, oder holen, dies vermeidend (siehe Markierung + Wegskizze), noch etwas nach rechts aus.

Am Roten Kreuz führt uns neben dem Kruzifix der Neuschweineweg zunächst in Richtung Bernau Innerlehen. Seitenwege (Langenwald-/Stöckerwaldweg) bleiben unbeachtet. Erst bei der nächsten Wegteilung gehen wir links (gelbes Punktsymbol) und erreichen nach 1,5 km den sogenannten Leder Tschobenstein. Im Alemannnischen ist ein „Tschobe" eine Jacke, und es wird wohl so gewesen sein, daß die Einheimischen diesen Ort danach benannten, wo ein solch ledernes Bekleidungsstück einst liegengeblieben war. An dieser Stelle nun heißt es sich zu entscheiden. Sich links wendend sind wir in etwa einer halben Stunde am Hochkopfturm, d.h. in etwa einer Stunde am Ausgangspunkt. Wer gut zu Fuß ist, nimmt vorher aber noch den Blößling mit. Hin und zurück macht das allerdings zusätzliche 7 Kilometer aus, die ich zumindest nicht bereut habe. Rechts haltend geht es hierfür auf dem Westweg (rote Raute) über Hirzenboden, Hohzinkenweg zum Präger Eck (Schutzhütte). Anfänglich noch auf einer Pfadspur in der Kammlage von über 1200 m, wechselt man nachfolgend auf einen breiten Forstweg und gibt dort etwas an Höhe auf. Vor uns liegt nun der Blößling als mächtiger Bergstock, und manch einer wird schon beim bloßen Anblick aus der Ferne ins Schwitzen kommen. Vor Ort ist aber alles halb so schlimm. Gegenüber der Schutzhütte am Präger Eck geht es zunächst auf breitem Weg aufwärts. Leicht zu übersehen zweigt davon schon bald (nach ca. 350 m) links der Wanderpfad ab. Vor dem eigentlichen Gipfel erreichen wir einen Sattel, und wer vor dem weiteren Aufstieg noch einen kurzen Blick aufs Präger Tal werfen möchte, hält sich gleich nach dem Wegweiser halblinks. Auf einem etwas verwachsenen Weg (ohne Markierung) gelangt man in wenigen Minuten zur südwestlichen Abbruchkante (Ausblick). Vom Sattel hinauf zum Blößling (1311 m) ist es dann nur noch ein kurzes Wegstück, und unverhofft wird man dort für seine Mühe reich belohnt (Schutzhütte/Rastplatz). Neben einer herrlichen Rundschau blüht hier im Juli als besondere Zugabe Lilium martagon, die Türkenbundlilie. Das Bernauer Tal, Herzogenhorn und Feldberg sind von hier aus zu sehen. Wer die Tour zur anderen Seite hin als Rundstrecke plant, kann von hier aus bereits den nächsten Anlaufpunkt, den Turm auf dem Hochkopf ausmachen. Über das Präger Eck – Hohzinkenweg – Hirzenboden – Leder Tschobenstein sind es bis zum Hochkopfturm ca. 5 km (1 1/2 Std. gesamt 4 1/2 Std.).

Oben vom Hochkopfturm hält man sich zunächst wieder auf dem Zustiegspfad zurück zur Abzweigung (Kruzifix). Halbrechts ein kurzes Stück entlang dem Forstweg, zweigt davon linker Hand der Wanderpfad ab (Markierung: rote Raute/rotes Rechteck). Im weiteren Abstieg zum Weissenbachsattel/Hochkopfhaus (1/2 Std.) bleibt die Abzweigung Prestenberg/Strick unbeachtet.

Information

- **Ausgangspunkt/-ort:** Weißenbachsattel (Hochkopfhaus)
- **Wegstrecke:** 16 km; Abkürzungsmöglichkeit auf 4 bzw. 9 km. Einwegstrecke bis Feldberg 18 – 20 km
- **Gehzeit:** 4 3/4 – 5 Std. (16 km)
- **Karte:** 1:30 000 ATLASCO, Blatt Nr. 212; 1:50 000 Blatt 8, Belchen-Wiesental, Hg. Landesvermessungsamt, Schwarzwaldverein

Südschwarzwald

Auf den Spuren eines „Klassikers": Wandern um Kandern

Einer der schönsten Fernwanderrouten durch den Schwarzwald ist der sogenannte Westweg, markiert mit roter Raute auf weißem Grund. Vor rund 100 Jahren vom Schwarzwaldverein erkundet und markiert verläuft er mit einer Streckenlänge von 285 km zwischen Pforzheim und Basel. Im Nordschwarzwald führt er über die Hornisgrinde, berührt im mittleren Teil die europäische Wasserscheide zwischen Rhein und Donau und erreicht im Süden mit dem Feldberg die höchste Erhebung des Mittelgebirges. Ab hier teilt er sich in eine östliche und eine westliche Route. Die aussichtsreichere, dem Rheintal nächstgelegene, verläuft über den Belchen und Blauen, senkt sich danach ins Kander- und Wiesental ab und endet schließlich in Basel. Wenngleich in umgekehrter Richtung, bewegen wir uns zumindest im ersten Drittel dieser Tour auf den Spuren dieses „Klassikers". Die Töpferstadt Kandern, an der Schwelle zwischen Wald und Weinland, ist unser Ausgangsort.

Streckenführung
Kandern – Häßlerköpfle – Mohrensattel – Sausenburg – Schloß Bürgeln – St. Johannis Breitehof – Kandern

Routenbeschreibung
Beginnt man die Tour in Kandern und dort wiederum am Marktplatz mit seinem achteckigen Brunnen, so findet sich gleich nebenan am Elektrohaus Schlegel ein erster Wanderhinweis. Häßlerköpfle, Mohrensattel, Sausenburg sind zunächst unsere Wegstationen in der aufgelisteten Reihenfolge auf der Tafel. Ein Stück nach Osten der Hauptstraße entlang, am Brunnenplatz vorbei, biegt links die Straße nach Sitzenkirch ab. Wir aber gehen noch ein kurzes Stückchen geradeaus und erreichen gleich hinter dem Gasthaus Ochsen den Einstieg zum Westweg. Zwar erwartet uns hier noch kein Wanderweg, sondern eine Einbahnstraße, aber nachfolgend führt uns der Franz v. Sales-Weg schon bald aus dem Stadtgebiet heraus. Westweg (rote Raute), Interregio Wanderweg (drei schwarze Rechtecke auf gelbem Grund) und ein ortsbezogener Rundweg Kandern-Sausenburg-Bürgeln-Kandern (gelbes Rechteck) teilen sich bis auf weiteres dieselbe Wegtrasse. Während im weiteren Anstieg der Lohweg unbeachtet bleibt und wir an der nächsten Gabelung

halbrechts weitergehen, geht es nachfolgend einige Treppenstufen hinauf, und dort sollten wir kurz von der markierten Route abweichen. Wenige Meter rechts draußen am Rande eines kleinen Wäldchens (Häßlerköpfle) hat man nämlich von einem Pavillion aus einen herrlichen Blick auf Kandern und das gleichnamige Tal.

Wieder zurück auf dem Wanderpfad mündet dieser in ein Wegdreieck (Teerbelag). An dieser Stelle wäre zwar ein Hinweis angebracht, aber die Route orientiert sich auf dem breiten Weg halbrechts aufwärts, und schon bald taucht man unter das Blätterdach des Waldes. Zwar sanft, doch stetig ansteigend, erreichen wir auf dem breiten Fortweg (Mohrensattelweg) den eigentlichen Mohrensattel und haben dort einen schönen Ausblick auf den Blauen und Sitzenkirch.

Vom Höhenprofil und der Waldzusammensetzung her betrachtet ist dieser Wandervorschlag sicherlich im Frühjahr zur Zeit des zarten Buchengrüns bzw. im Herbst während der Laubfärbung zu bevorzugen. Ungeachtet der Vorgaben durch die Jahreszeit ist es aber auch oft eine Sache der Stimmung und Tagesform, ob man an dieser oder jener Tour seine Freude hat.

Weiter auf dem breiten Waldweg bergan passieren wir die Lange-Ebene-Hütte und erreichen noch vor dem letzten Aufschwung zur Burg eine kleine Flachzone. Hier steht auf der linken Wegseite ein schöner alter Grenzstein (1844) mit dem Kanderner Wappen. An der Sausenburg selbst (Gehzeit ca. 1 1/4 Std.) wird auf einige Gefahrenzonen hingewiesen. Deshalb sollte man unbedingt nur den Kernteil mit Burghof und Turm begehen.

Zur Geschichte: Wie vor Ort zu erfahren, war die Burganlage ursprünglich Besitz der Herren v. Kaltenbach, gelangte im 11. Jh. durch Schenkung an das Kloster St. Blasien, nachfolgend an Markgraf Hermann (den Jüngeren) von Baden aus dem Geschlecht der Zähringer. Er gedachte damit seinen Einfluß auf den südlichen Breisgau auszudehnen, verlegte aber 1315, seinen Wohnsitz zur Burg Rötteln. Die Sausenburg war fortan nur noch durch einen Burgvogt belegt und wurde 1678 von den Franzosen zerstört.

Über den Treppenabstieg gelangen wir wieder zurück auf die Wanderroute und folgen dieser nun weiter in der Kammlage. Der Weg selbst ist nun deutlich verjüngt und daher schöner zu begehen als der breite Forstweg. Nachfolgend führt er uns zu einem alleinstehenden Haus (Lindenbückle), und gleich danach bietet sich vom Bergsattel aus freie Sicht nach beiden Talseiten. War der erste Streckenabschnitt von Kandern über die Sausenburg bis hierher kein Problem im Blick auf die Orientierung, so wird die Querung hinüber zu Schloß Bürgeln etwas kniffliger. Auch die angegebene Wanderkarte gibt Schlüsselstellen nur ungenau wieder. Einige Hinweisschilder des Kanderner Rundwegs 1 sowie gelbe Baummarkierungen erleichtern aber die Wegfindung. Dennoch heißt es etwas aufpassen. Hier oben an der Einsattelung nahe Vogelbach weicht man vom Westweg ab, denn wie angezeigt, geht es nach Bürgeln zunächst links ein Stück der Fahrstraße entlang in Richtung Käsacker/Sitzenkirch. Nach ca. 300 m setzt unmittelbar vor einer Straßenkehre linker Hand der Wanderweg an. Im Abstieg treffen wir auf einen Querweg und halten uns auf diesem ca. 15 m links, setzen dann aber rechts abwärts (Schnegelbachweg) den Abstieg fort. Unten am Waldrand angekommen, führt uns ein Teerweg (Lippisbachweg) auf der anderen Seite der Talniederung sogleich wieder aufwärts. Nicht allzuweit entfernt sieht man rechts oben den Sendemast auf dem Blauen. Leicht zu übersehen ist ausgangs der ersten Serpentine auf der linken Seite der Zustieg zum Wanderpfad. Wenige Meter oberhalb quert er eine Straße und setzt sich auf der anderen Seite im Wald fort. Am Ende einer Steigung spaltet sich der Interregio Wanderweg nach links von unserer Route ab. Zu dieser Abzweigung müssen wir später wieder zurückkehren. Zunächst aber geht es die noch fehlenden 400 m hinauf zu Schloß Bürgeln (Gehzeit ca. 2 Std./Einkehrmöglichkeit).

Von diesem herrlichen Aussichtspunkt aufs Markgräflerland ist am Fuße des Berges das nächste Zwischenziel, der St. Johannis Breitehof, bereits auszumachen. Man geht eine Etage tiefer zur besagten Abzweigung zurück und dort weiter entlang der Route des Interregio Wanderwegs bzw. Rundwegs 1 (gelbes Rechteck/oder Baummarkierungen). Unweit eines Transformatorenhäuschens wandern wir in südlicher Richtung an der Grenze zwischen Wald und Wiese. Am unteren Ende der Wiese weicht die Wanderstrecke vom breiten Weg rechts ab und setzt sich als Pfad im Waldgelände fort. Nach leichter Gefällstrecke treffen wir unten am Waldrand auf den Bürglerweg, auf dem wir uns rechts halten und gleich darauf die Fahrstraße erreichen.

Da weitere Anstiege jetzt gegen Ende der Tour nicht jedermanns Sache sind, nehmen wir unmittelbar hinter dem St. Johannis Breitehof den unteren der beiden Wege (Enzenbergweg i.R. Kandern). Der obere führt über den sogenannten Alpenblick. Beim Abstieg auf dem geteerten Wirtschaftsweg bietet sich nochmals ein schöner Blick hinüber auf die bewaldeten Bergkuppen. Auf einer davon ist auch die Sausenburg auszumachen. Etwas oberhalb von Sitzenkirch passiert man einen großen, flachen Schuppen, und unmittelbar danach wechselt man rechts auf den Feuerbachholzweg. Nach bereits 100 m weicht davon im Wald die Route in Richtung Kandern links ab. Ein gutes Stück weit begeht man nun einen schönen Wanderpfad, der später in einen Forstweg (Neuenbirkweg) mündet. Dem Ausgangsort bereits nahe, gehen wir an einem Campingplatz vorbei, und unmittelbar nach einer Tennisanlage führt ein schmaler Fußweg entlang dem Lippisbach zurück in den Ausgangsort.

Information

- *Ausgangspunkt/-ort:* Kandern
- **Wegstrecke:** 12 km
- **Gehzeit:** 3 3/4 – 3 1/2 Std.;
- **Einkehrmöglichkeit unterwegs:**
  Schloßwirtschaft Bürgeln
- **Karte:** 1:30 000 ATLASCO Blatt Nr. 222; Blatt 8, 1:50 000 Belchen-Wiesental; Hg. Landesvermessungsamt, Schwarzwaldverein
- **Sonstiges:** Schloß Bürgeln Führungen und Schloßkonzerte

Südschwarzwald

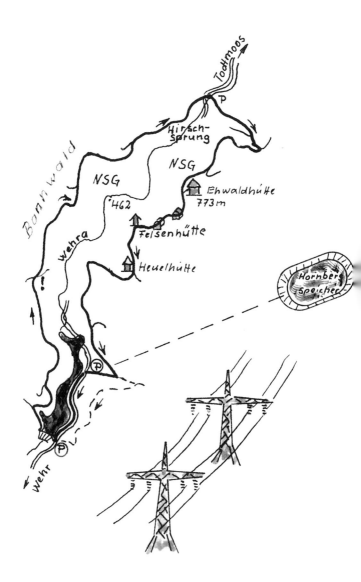

Abenteuer Bannwald: Felsbastionen im Wehratal

Bannwälder sind keine Erfindung neuzeitlicher Forstgestaltung, sondern aus gutem Grund jahrhundertealte Tabuzonen. In steiler, labiler Hanglage verbot sich von altersher der Wegebau zur Waldnutzung, und selbst das zu Talschleifen von Nutzholz hätte an dieser Stelle den Menschen mehr Schaden als Nutzen gebracht. Nicht selten auch lag im Bannwald das Quellgebiet, das die Versorgung umliegender Gehöfte und Dörfer mit Trinkwasser sicherstellte.

In früherer Zeit wurde das Schlagen von Bäumen in den noch ausgedehnten Bannwäldern mit schwerer Strafe belegt, zwischenzeitlich ist deren Substanz jedoch beträchtlich zusammengeschmolzen. Neuzeitlicher Waldwegebau mit schweren Maschinen und Sprengmitteln, Forst als Wirtschaftsfaktor und der Glaube an die Beherrschbarkeit von Risiken haben naturbelassene Räume auch im Wald eng werden lassen. Mancherorts verdanken wir Reste von urwüchsigem Wald lediglich dem glücklichen Umstand, daß sie rechtzeitig unter Naturschutz gestellt, somit menschlicher Begehrlichkeit und Nutzung entzogen wurden. Da alles so bleibt, wie die Natur es gestaltet, sind sie uns nun so etwas wie Ur-Keimzellen des Waldes und damit wissenschaftlich auswertbare Freilandlaboratorien für nachfolgende Generationen geworden. Einige der eindrucksvollsten Zeugnisse dieser Art finden sich u.a. an der Südabdachung des Schwarzwaldes und dort vorzugsweise entlang der tief in die Landschaft eingeschnittenen Flußläufe und Bäche wie Wutach, Schwarza, Alb, Ibach oder Wehra. Das Naturschutzgebiet Wehratal ist Ziel dieser Exkursion.

Streckenführung
Staumauer Wehra Becken – Hotzenwald Querweg – Wehratalweg – Jockisebenenweg – Nasser Grabenweg – Mettlerhalde – Steinbrücke Wehra – Mittlerer Ehwaldweg – Ehwaldhütte – Ehwaldweg – Felsenhütte – Heuelhütte – Zwillingsbuche – Zugang Kavernenkraftwerk – Staumauer Wehra Becken

Routenbeschreibung
Entlang der Fahrstraße nach Todtmoos erreicht man etwas nördlich von Wehr das Wehrabecken, an dessen Staumauer wir mit der Wanderung beginnen. Wie dort

auf einer der neu gestalteten Wandertafel ausgewiesen, bewegt man sich zunächst ein Stück weit auf dem Hotzenwald-Querweg (schwarz-weiße Raute auf gelbem Grund). Wir halten uns über die Dammkrone, danach ein Stück geradeaus bis in eine Talenge, und dort geht es nach einer Rechtskehre auf breitem Waldweg aufwärts. Nach der Steigung trifft man auf eine weitere Wegtafel. An dieser Stelle verlassen wir bereits wieder den Hotzenwald-Querweg, orientieren uns statt dessen nach rechts in Richtung Wehratalweg/Wehrabrücke (5,5 km/gelbes Rautensymbol).

Während unten das Wasser des Stausees durch die Bäume spiegelt, geht es nun ein Stück weit auf ebener Wegtrasse (Jockisebenenweg). Wir erreichen einen Wendeplatz für die Holzabfuhr, und dort beginnt nun endlich ein Terrain, wie es sich der Wanderer wünscht. Ein schmaler Pfad leitet von hier durch nahezu unberührten Bannwald zur 4 km entfernten Steinbrücke. Wir treffen wenig später nochmals auf einen breiten Waldweg (Nasser Grabenweg). Auf diesem hält man sich jedoch nur ca. 150 m rechts abwärts, wo unser Pfad auf der linken Wegseite seine Fortsetzung findet. Streifzüge durch die Natur sind nicht selten auch Begegnungen, in meinem Fall war es das Zusammentreffen mit dem örtlichen Wanderführer, der hier gerade mit seinen 79 Lenzen dabei war, die neue Beschilderung (gelbe Raute) anzubringen. Auf der überaus schönen Strecke werden nachfolgend einige kleine Brücken über den Mettlengraben, Neumettlengraben und Heiterspanbach passiert. Und falls bei der Umschilderung auf die neuen Zeichen (gelbe Raute) eines der vorherigen (rotes Rechteck) übersehen wurde, so soll uns das nicht weiter irritieren. In vielen Windungen und Ausbuchtungen, entlang von Steilflanken mit zum Teil atemberaubenden Tiefblicken, vorbei an mächtigen Baumriesen offenbart sich uns die ganze Schönheit und Kraft ursprünglicher Natur. Hier im Bannwald wird vor allem deutlich, wie vital er sich zu entfalten vermag, wenn der Mensch ihm nur etwas Raum und Zeit gewährt. So werden viele fast ein wenig entäuscht sein, wenn der Steig in der Mettlerhalde uns schließlich entläßt und wir in die Nutzwaldung überwechseln, um dort zur Wehratalstraße abzusteigen. Nach ca. 2 1/4 Stunden erreichen wir dort die beiden steinernen Brücken.

Etwa zwischen der in der Karte mit Hirschsprung und Hirschfelsen bezeichneten Stelle passieren wir die Fahrstraße über die obere der beiden Brücken. Auf der anderen Hangseite des Wehratals beginnt nun der Anstieg, begleitet vom Rauschen eines Bachlaufs. Auch dieser Pfad – markiert mit den neuen einheitlichen Wegzeichen der gelben Raute – mündet später in einen Forstweg. Linker Hand setzt sich der Wehratalweg in Richtung Todtmoos fort. Wir hingegen halten uns noch ein Stück geradeaus aufwärts und gelangen nach einer Rechtskehre auf den Mittleren Ehwaldweg. Hatte der Steig drüben auf der anderen Talseite unsere ganze Aufmerksamkeit erfordert, ist nun entspanntes Bummeln auf breitem Holzabfuhrweg angesagt. Nach etwa einem Kilometer wendet sich der Hauptweg links aufwärts. Wir hingegen halten uns geradeaus in Richtung Ehwaldhütte (Vereinshütte der Naturfreunde). Dicht unterhalb dieser geht es vorbei, und auf dem Ehwaldweg weiter. Der breite Forstweg führt durch zwei Felsdurchbrüche, danach ist die kleine, auf einem Felssporn erbaute Felsenhütte angezeigt. Imposant ist von hier aus der Tiefblick ins Wehratal, gewaltig die steinernen Bollwerke und Abbrüche, an denen Falken, Habichte und Rabenvögel ihre Reviere haben. Wem dieser Rastplatz zu exponiert erscheint, geht noch wenige Minuten bergab zur Heuelhütte. Ihr schräg gegenüber gibt es einen kleinen Brunnen.

Ein letzter Höhepunkt folgt wenig unterhalb (1 km/15 Min.). Die mächtige Zwillingsbuche (Naturdenkmal) ist mit über 300 Jahren möglicherweise nicht die älteste im Schwarzwald, aber mit einer Gesamthöhe von 44 m und einem Umfang von 6,10 m sicher eine der mächtigsten. Gegen Ende der Wanderung deckt sich die Route wieder mit der des Hotzenwald-Querwegs (schwarz-weiße Raute auf gelbem Grund). Bis zur Staumauer orientieren wir uns an deren Wegführung. Oder man steigt bereits etwas vorher zur Talsohle ab (siehe Skizze). Vom E-Werk Betriebsgebäude (Kavernenkraftwerk Wehr) geht es dann entlang des Fahrweges in 10-15 Minuten ebenfalls wieder zur Staumauer.

Information

- ***Ausgangspunkt/-ort:*** Staumauer Wehrabecken von Wehr bzw. Todtmoos aus mit SBG-Bus (Hornberger Weg) zu erreichen
- **Wegstrecke:** 13 km
- **Gehzeit:** 4 Std.
- **Karte:** ATLASCO 1: 30 000, Hotzenwald, Hg. Landesvermessungsamt, Schwarzwaldverein

Südvogesen

Für alle jene, die sich in einer der gemütlichen Fermes Auberges stärken wollen, empfehlen wir den im Rombach Verlag erschienenen Ferme-Auberge-Führer (€ 9,60), ISBN 3-7930-9294-1

Südvogesen

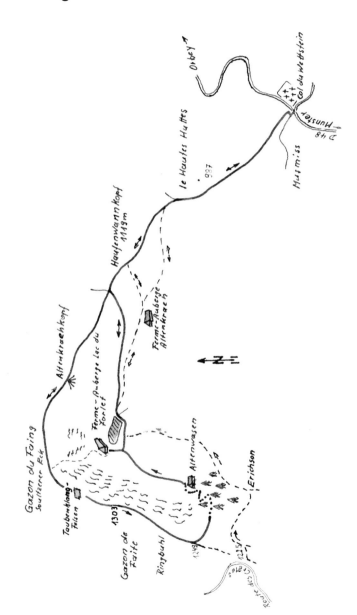

Im Tal der Täler: Vallée Munster

„PAX", Friede, steht in großen Lettern auf dem aus rotem Sandstein gehauenen Kreuz, daneben weht vom Fahnenmast die Trikolore, darunter lange Reihen von Steinkreuzen der zwischen 1914 – 1918 bei den Kämpfen am Linge, Barrenkopf und Schratzmännle gefallenen französischen Alpenjäger. Es gibt viele derartige Zeugnisse beider Weltkriege im Elsaß, und immer wieder holt einen dort während der Streifzüge durch die Natur die Geschichte ein.

Die Wunden sind inzwischen zwar verheilt, aber noch immer erfaßt einen tiefe Betroffenheit angesichts der zahlreichen Soldatenfriedhöfe.

Streckenführung
Col du Wettstein – Carrefour des Hautes Huttes – Haufenwannkopf – Altenkraehkopf – Gazon du Faing (Soultzeren Eck) – Gazon de Faite – Altenwasen – (alternativ über Lac Vert/Erichson) – Ferme Auberge Lac du Forlet – Altenkraeh – Hautes Huttes – (Ferme Auberge Musmiss) – Col du Wettstein

Routenbeschreibung
Über Munster, Stosswihr, zweigt kurz nach Soultzeren die D 48 ab, führt hinauf zur 882 m hohen Paßscheide, dem Col du Wettstein. Hier nun liegt der Ausgangspunkt zu dieser Tour. Linker Hand am Waldrand neben der Fahrstraße befindet sich ein Wegzeiger. Das gelbe Rechteck (GR 532) in Richtung Hautes Huttes ist der für uns maßgebliche Hinweis. Während der breite Weg links einwärts nach Musmiss unbeachtet bleibt, führt uns etwas rechts davon ein Wanderpfad bergan. Zunächst durch den Wald treten wir schon bald hinaus auf die Freifläche um Les Hautes Huttes. Die Häuser der Streusiedlung passieren wir südseitig und treffen danach auf den Kreuzungspunkt Carrefour des Hautes Huttes (987 m).

Unter Wechsel auf ein gelbes Dreiecksymbol geht es nun weiter in Richtung Haufenwannkopf (20 Min.), nachfolgend zum Gazon du Faing (1:10 Std.). Der vor uns liegende Berghang ist von lichtem Baumbestand bedeckt, und entlang eingezäunter Weidfelder beginnen wir mit dem Aufstieg. Nach der Bergkuppe flacht das Gelände aber bereits wieder ab. Vor uns an einer Waldecke kommen wir zu einem Kreuzungspunkt. Nach rechts geht es zum Lac Noir, links zum Lac du Forlet/des Truites.

Abkürzungsmöglichkeit: Wer die Route nicht allzu weit ausdehnen, d.h. nicht zum Hochkamm aufsteigen will, folgt hier der roten Punktmarkierung. In weniger als einer halben Stunde (1,5 km) erreicht man dabei den kleinen Stausee bzw. die Ferme Auberge Lac du Forlet.

Den Hochkamm so nah und verlockend vor Augen werden sich viele den Genuß der schönen Aussicht kaum entgehen lassen. Erstaunlich ist übrigens der geradezu alpine Charakter in manchen Bereichen der Vogesen, so auch hier. Es gibt zwar drüben am Hohneck ganz ähnliche Geländestrukturen, doch mir scheint die landschaftliche Harmonie hier am bemerkenswertesten. Weiter entlang der gelben Dreiecksmarkierung überschreiten wir als nächstes den Altenkraehkopf und sind nach weiterem Anstieg schon bald am Gazon du Faing (1302 m), oder wie es auf Elsässisch heißt, das Soultzeren Eck. Begleitet von herrlicher Fernsicht bzw. dem Tiefblick hinab in das von der Eiszeit gestaltete Becken geht es nun auf der Route der GR 5/rotes Rechteck gegen Südwesten. Der Taubenklangfelsen, Gazon du Faite, und Ringbuhl sind unsere Wegstationen.

Wo im Osten zur Abbruchkante hin die Felsen allmählich zurücktreten und nur noch Strauchwerk und lichter Baumbestand den Steilhang bedecken, gilt es sich zu entscheiden. Wer gut zu Fuß ist, kann hier auf Pfadspuren nach links direkt zum Altenwasen absteigen und von dort zur Ferme Auberge bzw. zum Lac du Forlet weitergehen (ohne Markierung). Andernfalls folgt man noch ein Stück weit der GR 5, bis am Kartenpunkt 1225 die Fahrstraße (Route des Crêtes) erreicht wird.

Hier weisen Wandermarkierungen (rote bzw. gelbe Punkte) sowohl zum Lac Vert (Routen-Erweiterung) wie auch auf dem Direktweg über Erichson zum Lac Forlet (siehe Skizze).

Nach ausgiebiger Rast und Rundschau geht man von dort danach am See vorbei und dann über die Staumauer. Hier bleibt der erste Weg rechts ab unbeachtet, er leitet nach Soultzeren. Ein anderer bergan führt in Richtung Lac Noir Der mittlere hingegen (gelbe Punktmarkierung) weist uns über Altenkraeh, Hautes Huttes zurück zum Ausgangspunkt.

Noch vor der Wegkreuzung am Carrefour des Hautes Huttes treffen wir wieder auf die vom Hinweg bekannte Strecke, schwenken dort in die GR 532 (gelbes Rechteck) ein. Zu beachten ist, daß wir nach Hautes Huttes, d.h. bevor wir wieder in den geschlossenen Wald hineingehen, etwas rechts ausweichen müssen (Schlüsselstelle). Wer hingegen eines der jüngsten „Kinder" unter den Berggasthäusern der Vogesen kennenlernen möchte, begibt sich an dieser Stelle auf den breiten, nach Süden weisenden Weg und gelangt kurz darauf zur Ferme Auberge Musmiss (nochmals schöner Ausblick). Von hier sind es dann nur noch wenige Minuten zurück zum Ausgangspunkt.

Information

- **Ausgangspunkt/-ort:** Col du Wettstein
- **Wegstrecke:** 2 km; verkürzte bzw. verlängerte Routen (siehe Text) 9/15 km
- **Gehzeit:** 3 1/2 Std. (12 km Route)
- **Einkehrmöglichkeit unterwegs:**
  Ferme Auberge Lac du Forlet, Ferme Auberge Musmiss
- **Karte:** IGN 1:25 000 Blatt 3718 OT Colmar-Kaysersberg; 1:25 000 Blatt 3618 OT le Hohneck, Gérardmer.

Südvogesen

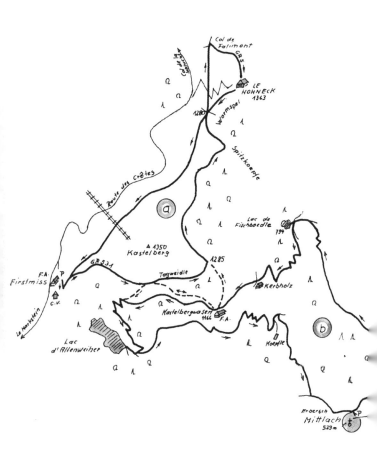

Südvogesen: Kahle Höhen, stille Wälder

Betrachtet man auf einer Übersichtskarte die Südvogesen, so bildet das Gebiet zwischen Hohneck und Kastelberg grob gesagt den zentralen Teil des Mittelgebirges. Die Höhenlage bewegt sich hier recht ausgeglichen zwischen 1200 – 1300 Metern. Offenes, freies Gelände bietet die Gelegenheit zur weiten Rundschau und dem Wanderer die Möglichkeit des unbeschwerten Ausschreitens. Im Frühling (Juni) erwartet uns auf den Hochweiden eine überaus üppige Bergflora, zur Sommerzeit eine angenehm kühle Brise und bis zum Eintreffen der Winterboten weite Fernsicht. Seitab der Kammlage hingegen gibt es stille Wälder, in die eine ganze Reihe kleiner Seen und Weiher eingebettet sind. Um beiden Zonen gerecht zu werden, ist nachfolgender Tourenvorschlag zweigeteilt und enthält eine leichte sowie eine konditionell anspruchsvolle Runde.

Streckenverlauf:
a) leichte Tour in aussichtsreicher Kammlage; Ferme Auberge Ferschmuss (Route des Crêtes) – Tagweidle – „Sentier des Névés" – Col de Falimont – Le Hohneck – Ferme Auberge Ferschmuss
b) konditionell anspruchsvoll, berührt Waldzone, Hochweide und Bergseen. Mittlach – Lac de Fischboedlé – Kerbholz – Ferme Auberge Kastelbergwasen – Lac de l'Altenweiher – Koepfle – „Sentier de Kastelberg" – Mittlach

Routenbeschreibung:
a) Mit Öffentlichem Nahverkehr, zumal an Wochenenden, war es im Elsaß schlecht bestellt. Auch werktags gab es nur wenige Busverbindungen in Ost-West-Richtung über die Kammlinie. Unter dem Motto „La navette des crêtes" und der Organisation des Naturparks „Ballons des Vosges" rollte 2001 erstmals an Sonn- und Feiertagen ein Pendelbus auf der Route des Crêtes zwischen dem Col du Calvarine und dem Grand Ballon. Zustiegsmöglichkeiten: von einigen SNCF-Bahnhöfen aus(Metzeral, Bitschwiller-les-Thann, Kruth, Bollwiller). Ob und wie das mit EG-Geldern geförderte Projekt weitergeführt wird, kann im Internet unter www.parc-ballons-vosges.fr abgefragt werden.
Wir starten jedenfalls an der Ferme Auberge Firstmiss und nehmen den Weg in Richtung Kastelbergwasen (GR

531/blaue Balkenmarkierung). Wir können entweder den kleinen Umweg über die gleichnamige Ferme Auberge nehmen oder bereits vorher über Tagweidle zum Höhen/Kartenpunkt 1285 gelangen. Von dort aus nach Norden führt uns nun der „Sentier des Névés" (gelbes Kreuzsymbol) aussichtsreich an der Abbruchkante entlang. Wo bei der Höhenmarke 1280 von links kommend ein mit rot-weiß-rotem Rechteck markierter Wanderpfad einmündet, folgen wir dieser so bezeichneten Route geradeaus bis zum Col de Falimont. Dort beginnen wir unseren Rückweg, halten uns hart rechts entlang der GR 5 (rotes Rechteck) hinauf aufs Hohneck. Danach geht es abwärts in die bereits vom Hinweg bekannte Senke (Punkt 1280) und an den westlichen Abhängen des Kastelbergs entlang zurück zum Ausgangspunkt.

b) Am Lac de l'Altenweiher, einem der kleinen Bergseen am Ostabhang der Südvogesen, ist auf einer Gedenktafel folgendes zu lesen:
„Zur Erinnerung an die hier durch den Kaiserlichen Stadthalter, Fürsten Chlodwig zu Hohenlohe, Schillingsfürst, am 29.5.1889 vollzogene Grundsteinlegung der Stauweiher des Fechttales. Altenweiher, Schiessrothried, Forellenweiher, Darensee". Zwar sind diese Seen und Weiher Relikte der Eiszeit, sogenannte Karseen, doch wurden sie vor über hundert Jahren durch Stauwehre erweitert und damit ihrer Natürlichkeit beraubt. Weltabgeschieden, von Wäldern umgeben, in denen noch die Stille wohnt, haben sie dennoch nichts vom ursprünglichen Reiz eingebüßt. Wer sich nach langer Wanderung an ihren Ufern niederläßt, kann sich ihrer Schönheit und Mystik nicht entziehen. Dies zu erfahren ist Ziel dieses Wandervorschlags.

Routenbeschreibung:
Ausgangspunkt ist Mittlach im Fechttal, Nebenzweig des hinteren Münstertals. Mit 500 Metern Meereshöhe, am Scheitelpunkt der Tour jedoch bei 1200 Metern, sind Kondition und Ausdauer gefragt. Der Lohn sind einsame Wanderpfade, ursprüngliche Wälder und verschwiegene Bergseen. Und als Zugabe gibt es eine herrliche Aussicht oben auf der kahlen Hochfläche.
Im Zentrum des Ausgangsorts läßt man gegenüber dem Hotel Valneige (Parkplatz) sein Auto zurück und kann sich dort anhand einer Wandertafel noch etwas informieren. Wie darauf verzeichnet, hält der kleine Ort für seine Gäs-

te auch einige kürzere Wanderstrecken (zwischen 1 – 2 1/4 Std.) bereit. Ferner sind am Rand des freien Platzes (vor Haus Nr. 2) zahlreiche Richtungspfeile zu diversen Zielen angebracht, darunter auch eine Wandertafel mit dem für unser Vorhaben maßgeblichen Hinweis: Vallée de la Wormsa (rote Balkenmarkierung).

Von der Rue Erbersch geht es über die Brücke der Kolbenfecht Rau, danach gleich wieder rechts ab in den Chemin de la Wormsa. Achtung: etwa 20 m nach einem garagenähnlichen Müllcontainer-Abstellplatz setzt links der Wanderpfad in Richtung Wormsa/Fischboedlé (GR 5/rotes Rechteck) an. Nachfolgend queren wir einen kleinen Bauschuttabladeplatz, setzen linker Hand den Weg ins Vallée de la Wormsa fort.

Nach knapp einer Stunde treffen wir oben auf einen breiten Forstweg, von dem wir nach 300 m (Hinweis: Les Lacs) rechts aufwärts zum Weiher abgehen. Da er zu Fuß weder leicht von der Tal- noch Bergseite her zu erreichen ist, findet man hier Stille und Einsamkeit. Nach der Rast geht es auf besagten Forstweg zurück und entlang diesem ein Stück aufwärts. Nach ca. 300 m setzt rechts der Pfad in Richtung Kerbholz/Kastelberg (blaues Kreuzsymbol) an. Bei Erreichen der Kammlage geht es links auf breitem Waldweg weiter (kein Hinweis) und nach 200 m halbrechts (blaues Kreuz) hinaus auf die Freifläche. Die 1000-Metermarke ist hier an der Viehweide um Kerbholz erreicht.

Am rechten Rand der einstigen Stallung vorbei führt uns der weitere Anstieg (Markierung: GR 531/blaues Rechteck) zunächst noch etwas durch den Wald, danach auf den freien, aussichtsreichen Wiesenhang. Nach ca. 2 – 2 1/4 Std. Gehzeit besteht hier in der Ferme Auberge Kastelbergwasen Einkehrmöglichkeit.

Zur Bergseite hin kann man nun entweder dem Hinweis „Tour de la Bresse" (blaue Balkenmarkierung/GR 531) folgen oder alternativ zu diesem breiten Zufahrtsweg eine angenehmere Variante nehmen. Dazu überqueren wir talseitig den Gaststätten- und Ökonomieteil des Gebäudes (ohne Markierungshinweis), passieren mittels zweier Durchlässe das angrenzende Weidfeld und gehen dann auf ebenem Waldweg weiter. Wenig später mündet von oben, dem Tagweidle herkommend, eine mit gelbem

Kreuz markierte Route ein. Entlang diesem Wegsymbol steigt man nun hinab zum See. Dem Lac de l'Altenweiher bereits sehr nahe, kommen wir an einer Abzweigung vorbei, an der die Richtung Kerbholz / Fischboedlé (unser Rückweg) angezeigt ist. Doch zunächst geht es geradeaus weiter zum nahegelegenen See und erst danach zurück zu dieser Abzweigung. Es folgt nun eine etwas anstrengende Durchquerung (Markierung: blaues Kreuz) des unberührten Bannwalds, aber auch des blockigen Geländes, was etwas Konzentration und Trittsicherheit erfordert. Gegen Ende der Durchquerung folgt ein kurzer Anstieg bis nahe an die Weidfläche heran. Nur ein kurzes Wegstück folgen wir nun noch der Fischboedlé Route (blaues Kreuz), durchqueren dabei nochmals ein kleines Waldstück und wechseln dann am Rand zur Freifläche auf die mit blauem Dreieck markierte Abstiegsroute. Der an dieser Abzweigstelle angebrachte Pfeilhinweis ist etwas irritierend, denn er sollte eher talwärts zeigen. Zunächst ist der breite Abstiegsweg steil, weshalb wir hier nach rechts auf die Pfade im Heidelbeergesträuch ausweichen sollten. Erst weiter unten schwenken wir auf den Hauptweg ein. Inzwischen leider sehr verwachsen, war dies („übers Koepfle") früher eine beliebte Natur-Ski-Abfahrt.

Erst unten in der Waldzone ist Mittlach angezeigt. Dort überqueren wir einen Bach und finden ca. 100 m danach rechter Hand einen weiteren Hinweis auf unseren Ausgangsort. Nachfolgend führt der Abstiegspfad, der sogenannte „Sentier de Kastelberg", durch mannshohen Adlerfarn. Bei Erreichen der Talsohle wandern wir entlang der Häuser von Erbersch nach Mittlach zurück.

Information:

Ausgangsort:
- a) Ferme Auberge Firstmiss
  (Vogesenhochstraße/Route des Crêtes)
  b) Mittlach
- *Wegstrecke:*
  a) 10 km
  b) 15 km
- *Gehzeit:*
  a) 2 1/2 – 3 Std.
  b) 4 1/2 – 5 Std.
- *Einkehrmöglichkeit:* F.A. Kastelberg
- *Karte:* IGN 1:25 000, Blatt 3618 OT, Le
  Hohneck
- *Hinweis:* Vorschlag b) Wegführung mit starken
  Höhenunterschieden erfordern Kondition, Ausdauer und Trittsicherheit (gutes Schuhwerk,
  Teleskopstöcke angeraten).

Südvogesen

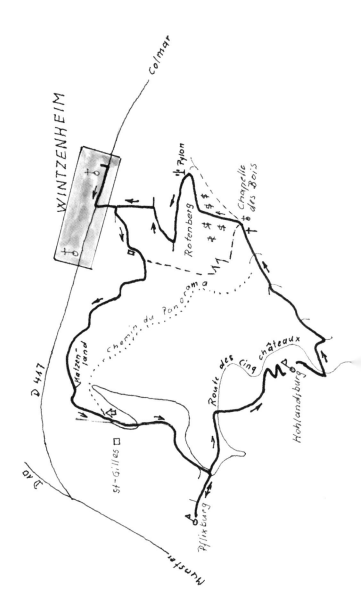

Südvogesen: Auf Schwendis Spuren zur Hohlandsburg

Hoch über den beiden Winzerorten Wintzenheim und Wettolsheim erhebt sich mächtig die Umfassungsmauer der Hohlandsburg über dem bewaldeten Bergkamm. Im 13. Jh. zur Sicherung Habsburger Besitztümer im Elsaß erbaut, ging sie nach wechselnden Besitzverhältnissen 1563 als Geschenk Kaiser Maximilians I. an den Heerführer, politischen Ratgeber, Staatsmann und Reformer Lazarus von Schwendi, dessen Name auch mit anderen Orten wie Kientzheim oder Burkheim und Kirchhofen auf der badischen Rheinseite verknüpft ist. Durch die Franzosen 1635 völlig zerstört, blieb von der weiträumigen Anlage lediglich der untere Teil der mächtigen Schildmauer erhalten.

Das touristische Kapital des Elsaß sind nicht nur seine erlesenen Weine und guten Speisen, mittelalterlich geprägte Orte mit schönen Fachwerkhäusern, malerische Stadttore und historische Kirchen, sondern auch seine Burgen. Insbesondere die hohe Zeit der Staufer hat sie uns so zahlreich zurückgelassen, daß deren vollständiger Erhalt jeden Staatshaushalt sprengen würde. So wurden im letzten Jahrzehnt lediglich die Sanierung der schützenswertesten in Angriff genommen. Zum Erhalt der Hohlandsburg – eigentlich handelt es sich schon fast um einen Wiederaufbau – mußte eigens ein Finanzierungsverbund gegründet werden, bestehend aus der Region Elsaß, dem Departement Haut-Rhin sowie den umliegenden Gemeinden Wintzenheim, Wettolsheim, Eguisheim und Husseren-les-Châteaux. Rund zehn Jahre dauerten die Sanierungsarbeiten, und erst 1999 verschwanden die Baukräne. Nicht die Verspieltheit des Zuckerbäckerstils einer Hohkönigsburg wird hier geboten, sondern der nüchterne Zweckbau einer gewaltigen Wehranlage. Deren vorherrschendes Element ist eine mächtige Umfassungsmauer, deren nüchterne Symmetrie nur durch einige Ecktürmchen (Scharwachttürme) unterbrochen wird.

Streckenführung
Wintzenheim – „Sentier du Katzenland" – Chalet St. Gilles – Pflixburg – Hohlandsburg – Chapelle des Bois – Rotenberg – Wintzenheim

Routenbeschreibung

Mit dem Auto kann man beinahe bis vors Burgtor fahren, aber weit interessanter ist es natürlich, den Besuch mit einer schönen Wanderung zu verbinden, und als Zugabe nehmen wir dabei die benachbarte Pflixburg gleich mit. Wer westlich von Colmar ins Münstertal einbiegt, fährt durch Wintzenheim.

Dort am Hôtel de Ville (Mairie), genauer gesagt rechter Hand neben der Kirche Eglise St Laurent, lassen wir unser Gefährt stehen. Über den Kirchvorplatz zur nahegelegenen Rue Clemenceau, dort rechts der Durchfahrtsstraße entlang, biegen wir nachfolgend in die Rue Hohlandsburg ein. Wir treffen auf den Salle Laurentia und halten uns rechts in die Rue Marechal Joffre. Nach ca. 50 m gabelt sich die Straße und hier, links neben einem Kruzifix (1735), weist uns ein blaues Kreuzsymbol in Richtung Hohlandsburg. Unmittelbar am Ortsrand beginnen bereits die Weinberge. Noch ein kurzes Wegstück auf dem Asphaltbelag, dann biegen wir nach dem einzelstehenden Haus rechts in einen Rebweg ein. „Sentier du Katzenland" und Chalet St. Gilles (rotes Dreieck) sind an dieser Stelle ausgewiesen. Entlang der an Mauern und Rebstöcken angebrachten Farbmarkierungen schlängelt sich die Wanderroute durch die Weinzone. Wo die Markierung fehlt, gilt als grober Anhalt: immer am Fuße des Berges entlang in Richtung Münstertal. An einer kleinen Rebparzelle, wo ein Besitzer seine Trauben mit „Proprieté Privé" zu schützen sucht, brauchen wir uns deshalb vom Pfad nicht abbringen lassen. Aufgrund der verwendeten Spritzmittel ist es ohnehin nicht empfehlenswert, seine Beeren ungewaschen zu verzehren.

Nachfolgend im Waldgelände gabelt sich der Pfad, und da wir zunächst zur Pflixburg wollen, gehen wir hier rechts und sind gleich darauf an der Hütte des Vogesenclubs Wintzenheim. Dahinter beginnt der Direktanstieg zur Hohlandsburg (Markierung: gelb-weiß-gelb) sowie eine als Panoramaweg ausgewiesene Route in Richtung Ste Gertrude. Dieser mit roter Markierung bezeichnete „Chemin du Panorama" ist durchaus eine Alternative für all diejenigen, denen der Weg hinauf zu den Burgen zu anstrengend ist (siehe Skizze).

Andernfalls geht es von der Vereinshütte zur nahegelegenen Fahrstraße und an dieser nach links entlang bis nach ca. 200 m linker Hand der Pfad zur Pflixburg ansetzt (rotes Dreieck).

Im Dornröschenschlaf

Der Kammlage und damit dem Standort der Pflixburg schon recht nahe weist die Markierung rechts in einen breiten Waldweg. Sinnvoller ist es jedoch, an dieser Stelle geradeaus der gelben Balkenmarkierung (i.R. Hohlandsbourg) entlang zur nahegelegenen Fahrstraße zu folgen, dann entlang dieser etwas aufwärts zu gehen, wo kurz nach Passieren eines Rastplatzes rechter Hand die Grand Route 532 ansetzt. Auf dieser sind es dann nur noch wenige Minuten bis zur Pflixburg (1 1/4 Std.). Efeuumrankt, die Mauern von Strauchwerk verwachsen, liegt sie sozusagen im Dornröschenschlaf. Schade, daß es auf den noch recht gut erhaltenen Turm (Bergfried) keinen Zustieg gibt. Von ihm wäre die Aussicht hinab ins Münstertal sicher lohnend.

Danach geht es zurück zur Fahrstraße, dort zur anderen Seite hin in Richtung Hohlandsburg (GR 532/gelbes Rechteck). Einmal führt uns der Aufstiegpfad dicht an die Straße heran, ein weiteres Mal geht es über diese hinweg. Hier wie in den Vogesen überhaupt, muß man selbst auf engsten Wegen mit Mountainbikern rechnen. Sie fahren oft so rasant talwärts, daß man sich vor ihnen geradezu in die Büsche retten muß. Obgleich es auch im Elsaß für diese Sportart speziell ausgewiesene Strecken gibt, tummelt man sich hier ohne Rücksicht auf Natur und Wanderer nahezu überall.

Nach etwa zwei Stunden Gesamtgehzeit oben angekommen, endet der Pfad direkt an der Hohlandsburg. Auf dem Vorplatz sieht leider alles noch ein wenig trist aus, und auch vom Inneren der Anlage darf man sich nicht allzuviel versprechen. Junge engagierte Franzosen geben sich aber während ihrer Führungen große Mühe, das optisch Fehlende durch entsprechende Erklärungen zu ergänzen. Die Aussicht vom Wehrgang auf der Mauerkrone ist jedoch überwältigend. Ob sich die hohe finanzielle Investition gelohnt hat und man langfristig etwas vom Touristenstrom abbekommt, wie etwa die Hohkönigsbourg, wird die Zukunft zeigen.

Für den Rückweg halten wir uns zunächst auf der Burg-
zufahrt abwärts, und wo diese in die Fahrstraße mündet,
befindet sich genau gegenüber der Einstieg für die Rückroute (rotes Kreuz/Wintzenheim). Der Waldpfad mündet
nachfolgend in einen breiten Querweg auf dem wir in
Richtung Chapelle des Bois weiterwandern. Der erste
rechts abbiegende Weg bleibt unbeachtet. Auf dem
Hauptweg geradeaus, macht dieser nach ca. 400 m eine
Rechtskehre und führt gleich darauf bis an eine die Burg
mit Starkstrom versorgende Leitung heran. Hier geht es
links ab (gelbes Kreuzsymbol/Chapelle des Bois/Wint-
zenheim).

Noch im Waldgelände trifft man auf einen Wegteiler.
Geradeaus geht es zum Monument Meyer, das ist die als
„Chemin du Panorama" bezeichnete Querroute in den
Halbhanglage, bezeichnet mit roter Raute. Wir gehen
aber an dieser Stelle rechts (blaues Kreuz + grüner Ring)
und sind wenig später am Waldrand. Dort trifft man
zunächst auf ein Areal mit Kruzifix und Gedenkstein,
etwas unterhalb liegt die eigentliche Chapelle des Bois.
Draußen am Rand der Rebfläche kommt man an einer
Hütte (Chalet du Rotenberg) vorbei und trifft unterhalb
auf einen Teerweg, der uns sowohl zur rechten wie linken
Seite zum Ausgangsort zurückführt. Etwas interessanter
erscheint mir jedoch folgende Routenwahl: Zur Nordseite
hin liegt vor uns ein flacher, von Reben bestandener
Bergrücken, der Rotenberg. Einer der Rebwege (ohne
Markierung) hält sich rechts der höchsten Erhebung ent-
lang und trifft an der Vorderkante des Berges (schöner
Ausblick) auf einen Querweg.

Auf ihm gelangen wir rechts zu einem Gittermast, an dem
wir uns links halten. Ca. 250 m nach dem Wasserreservoir biegen wir rechts in einen ungeteerten Rebweg ein.
Unten im Ort schließt sich der Kreis, denn dort kommen
wir wieder am bereits vom Hinweg bekannten Salle Laurentia vorbei.

Information

- **_Ausgangspunkt/-ort:_** Wintzenheim
- **Wegstrecke:** 11 km; Abkürzungsmöglichkeit siehe Text
- **Gehzeit:** 3 1/2 Std. (Verlängerungsroute 3 1/2 Std.).
- **Einkehrmöglichkeit unterwegs:** Hohlandsburg Öffnungszeiten der Hohlandsburg: vom 1.7. – Mitte Sept. täglich von 10 – 19 Uhr, sonstige Zeit zwischen Ostern und 11. Nov.: samstags 14 – 18 Uhr/Sonn- und Feiertags 11 – 18 Uhr
- **Karte:** IGN 1:25 000, Blatt 3718 OT Colmar-Kaysersberg

Südvogesen

Südvogesen

le Steinberg

Kahlenwasen F.A.

Kegelritz

1163

Strohber F.A.

Petit Ballon

Naturfreundeh. Sekt. Guebwiller

1272

Bockswasen

1208

1257

1232
Steinmauer

Mullermatt

Schelli.

Col du Hilsenfirst

F.A. Hilsenfirst

F.A.

Hilsen

Linthal

Südvogesen: eine Symphonie der Farben

Der kleine Belchen ist mein Lieblingsberg, denn während andernorts der Ausflugtourismus selbst die Gipfel der Vogesen erfaßt hat (siehe Hohneck), ist der kleine Belchen noch immer ein stiller Wandertip. Einsamkeit und beschauliche Einkehr in einer der weniger frequentierten Ferme-Auberges werden hier noch geboten. Ginster, Wachholder, Thymian und Majoran sind zu finden, und zur Blütezeit verwandeln Vogesenstiefmütterchen, Heckenrosen, Arnika, Orchideen und Glockenblumen die Landschaft in eine wahre Symphonie von Farben.

Streckenführung
Hilsen – Col du Hilsenfirst – Bockwasen – Petit Ballon (Kleiner Belchen) – Kartenpunkt 1163 (Parkplatz) – Ferme Auberge du Strohberg – Schellimatt – Mullermatt – Hilsen

Routenbeschreibung
Nach Guebwiller, Buhl und Lautenbachzell geht es rechts ab zum Reihendorf Linthal und dort wiederum auf dem schmalen Teersträßchen über die Nagelschmiede hinauf zur 900 m hoch gelegenen Ansiedlung von Hilsen. Etwas unterhalb der gleichnamigen Ferme Auberge läßt man an einer Ausbuchtung sein Gefährt zurück. Während die Hinweise auf Muller- und Bockswasen unbeachtet bleiben, geht es zunächst geradeaus weiter auf dem Teerweg bergan. Kurz nach der kleinen Ferme Auberge du Hilsenfirst beginnt dann der eigentliche Aufstiegspfad (Balkenmarkierung Rot-Weiß-Rot). Bei der Einmündung in einen Hangweg weichen wir auf diesem etwas nach rechts aus. Nach ca. 100 m führt dann linker Hand der Wanderpfad weiter. Am Naturfreundehaus (Amis des Vosges Wittenheim) ist die 1000-Metermarke bereits überschritten, und hier wendet sich nun die Route nach rechts, d.h. in nordöstliche Richtung hinauf zum Col du Hilsenfirst.

In der Kammlage angekommen, hält man sich nach rechts und orientiert sich jetzt an den gelben Balkensymbolen. Der Blick fällt auf den von wildem Wachholder und Felsblöcken bedeckten Südwesthang der sogenannten Steinmauer. Dort auf halber Höhe angekommen (Markierungstafel), mündet von rechts kommend der Direktanstieg von Hilsen ein. Versierte „Pfadfinder" wählen schon bald darauf einen der unmarkierten Pfade (siehe Skizze!)

und gelangen über die Steinmauer (Höhenpunkte 1232, 1257, 1208) auf kürzestem Wege zum Petit Ballon. Alle anderen bleiben aber lieber auf dem bequemen Weg der GR 532 (gelbes Balkensymbol), kommen bald darauf zur Vereinshütte Bockswaden und nachfolgend am dekorativen Naturfreundehaus (Amis de la Nature) der Sektion Guebwiller vorbei. Von dort geht es dann in wenigen Minuten hinauf zum Petit Ballon, dem 1277 m hohen Aussichtsberg (ca. 2 Std.).

Kürzester Rückweg
Der Rückweg führt von der Marienstatue ein Stück über die Kammlinie gegen die Rheinebene und mündet nach einen Rechtsbogen bald darauf wieder in die GR 532 (gelber Balken) ein. Nun weiter i.R. Schellimatt absteigend, biegt man nach Durchqueren einer Weidefläche rechts Richtung Mullermatt (Markierung: blaues Dreieck) ab.

Andernfalls hält man sich hinter der Madonnenstatue am Rand des Weidezauns entlang in Richtung einer Fahrstraße (Parkplatz). Hier am Kartenpunkt (Höhenmarke 1163) gilt es sich zu entscheiden:

Verlängerungsroute
Der schönste Rastplatz weit und breit liegt drüben bei der felsdurchsetzten Kammlinie zwischen Kegelritz und Le Steinberg. Das bedeutet jedoch eine Tourenverlängerung von 2 x 20 Minuten, da wir nach der Pause wieder zum Kartenpunkt 1163 zurückkehren müssen. Nehmen wir den Umweg in Kauf, so führt der Weg nach Überschreiten der Fahrstraße zunächst an einem markanten Unterstand aus dem letztem Krieg vorbei. Weiter geht es dann auf der rechten Seite des Weidezauns entlang, in dem sich uns an der Höhenmarke 1166 (am Kegelritz) nach links ein Durchschlupf in Richtung Steinberg öffnet.

Wer jedoch dem Vesper im Freien die Atmosphäre eines gemütlichen Berggasthauses vorzieht, nimmt vom Parkplatz aus den Direktweg zur Ferme Auberge du Strohberg (rote Punktmarkierung). Hierzu wendet man sich vom Parkplatz/Kartenpunkt 1163 sogleich auf dem breiten Zufahrtsweg nach rechts (Osten). Nachfolgend geht unmittelbar an einer Wegbiegung geradeaus der Wanderpfad weiter. Nach kurzem Abstieg erreicht man wenig später das Einkehrziel.

Jede Ferme Auberge hat ihren „Fan-Kreis", und diese wird vor allem von den Einheimischen aus dem Tal bevorzugt. Schon wegen der sich damit oft bietenden Gesprächskontakte hat es mir hier besonders gut gefallen.

Unmittelbar nach dem Gebäude geht es geradeaus in Richtung Schellimatt (Markierung rote Raute), d.h. es geht auf dem Weideweg wieder sanft bergan. Die schöne Aussicht gegen die Rheinebene hin und die herrlich gelb blühenden Enzianwiesen entlang des Weges runden den Rückweg der Tour zu einem harmonischen Ganzen ab. Oberhalb der Weidfläche um Schellimatt (A.J. Dynamo) teilen sich an einem Unterstand die Wege. Wir halten uns hier rechts auf dem eben verlaufenden Forstweg (gelbe Balkenmarkierung/GR 532). Damit orientiert man sich ein Stück weit in Richtung Rothenbrunnen/Petit Ballon, weicht aber dort, wo der breite Weg ansteigt, geradeaus ab. An dieser Abzweigung fehlte bei meiner Erkundung leider das blaue Dreiecksymbol. Wir können aber kaum fehl gehen, denn draußen inmitten der Weidefläche ist bereits das kleine Anwesen Mullermatt (Mullerwasen) zu sehen. An diesem vorbei trifft man auf einen breiten Weg, an dem man an der nächsten Kehre noch ein Stück abwärts geht und sich nach ca. 200 m rechts einwärts auf den Wanderpfad begibt. Dieser folgt den Windungen des Berghangs und führt in sanftem Gefälle hinab nach Hilsen.

Information

- **_Ausgangspunkt/-ort:_** Hilsen
- **Wegstrecke:** 14 km; 12 km (unter Auslassung der Rast am Le Steinberg)
- **Gehzeit:** 3 1/2 – 4 Std. (unter Auslassung Le Steinberg)
- **Einkehrmöglichkeit unterwegs:** Ferme Auberge du Strohberg
- **Karte:** IGN 1: 25 000 Blatt 3719 OT, Grand Ballon – Guebwiller – Munster

Südvogesen

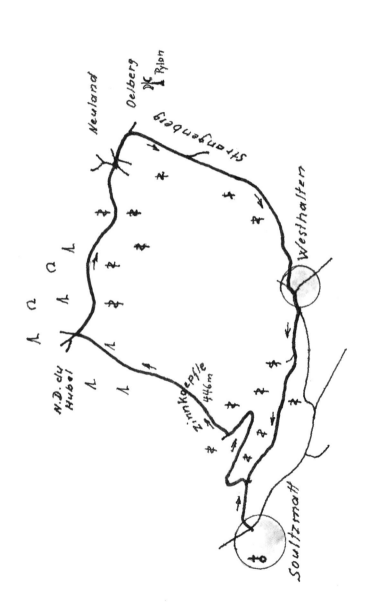

„Botanische Leckerbissen" am Zinnköpfle und Strangenberg

Eine historische Kirche aus dem 12. Jh. mit romanischem Glockenturm, ähnlich dem von Gueberschwihr, Mineralwasser das aus dem Boden sprudelt, abgefüllt und vertrieben wird, und vor allem jede Menge Reben sind die Markenzeichen des Winzerdorfes Soultzmatt. Ein prächtiger schwarzer Hahn, „Guller" oder „Güggel" auf gut alemannisch, der sich stolz auf drei grünen Hügeln präsentiert, ziert das Ortswappen.

Für Naturliebhaber sind der nahegelegene Bollen- und Strangenberg, vor allem das sich direkt über Soultzmatt erhebende „Zinnköpfle", besondere Anziehungspunkte. Eine botanische Exkursion steht an, und wer ein wenig Entdeckungsfreude mitbringt, dem erschließt sich hier, vorzugsweise zwischen März und Mai, eine geradezu einzigartige Blumen- und Pflanzenwelt.

Streckenführung
Soultzmatt – Weinlehrpfad (Sentier vinicole) – Zinnköpfle – Notre Dame du Hubel – Strangenberg – Westhalten – Soultzmatt

Routenbeschreibung
Im Ortskern von Soultzmatt liegt neben dem Rathaus (Mairie) die Post. Gleich nebenan halten wir uns in die Rue d'Or. Sie führt uns am Fuß der Weinberge zu einer großen Hinweistafel, die u.a. darüber informiert, daß während der Hauptferienzeit (1. Juli – 1. Sept.) Führungen durch die Weinberge stattfinden. Da unsere Zielrichtung jedoch eher auf die Blumenvielfalt gerichtet ist, gilt es neben der großen Tafel den Wanderhinweis zum Zinnköpfle (Markierung: rote Raute/35 Minuten) zu beachten. Auf breitem, mit roten Buntsandsteinen gepflasterten Wirtschaftsweg wandern wir im Weinberg aufwärts. Von ihm weicht im oberen Drittel der mit roter Raute markierte Pfad ab und führt direkt auf das Bergplateau. Was hier die üppige Pflanzenvielfalt hervorbringt, ist leicht auszumachen. Der Untergrund besteht aus einer Kalksteinformation, und wie von anderen Orten her bekannt (z.B. Isteiner Klotz oder Schweizer Jura), ist angesichts einer solchen Bodenbeschaffenheit die Vielfalt besonders

üppig. Viele Pfade verlaufen auf dem Plateau kreuz und quer, und jeder Besucher ist hier auf der Suche nach Besonderheiten, darunter u.a. Orchideen der Ragwurzfamilie. Doch Vorsicht, manch eine der Raritäten ist nicht leicht auszumachen, und wie leicht hat man eine der seltenen Blumen zertreten. Größtmögliche Vorsicht und Schonung der Natur sind insbesondere in solch sensiblen Zonen angesagt.

Danach geht es auf dem breiten, weiterhin mit roter Raute markiertem Weg weiter. Er führt durch eine kleine Senke, steigt danach wieder an und mündet im Wald in einen Kreuzungspunkt, bezeichnet als Notre Dame du Hubel. Linker Hand geht es nach Osenbuhr, geradeaus zum Schauenberg, wo wir nach rechts Richtung Westhalten weitergehen (Markierung: rotes Dreieck). Der breite Weg tritt bald aus dem Wald heraus und setzt sich am oberen Rand der Rebzone fort. Als Orientierungspunkt sieht man nun bereits in ca. 1 km Entfernung einen Fernmeldemast, er liegt bereits auf dem nächsten Zielort, dem Strangenberg. Zunächst etwas Höhe aufgebend, kommt man zwischen Durstelberg und Neuland zur Karten- und Höhenmarke 353, passiert dort einen Parkplatz und steigt danach in einem leichten Rechtsbogen auf den Höhenrücken (Strangenberg). Kurz nach Ende des Teerbelags ist der Weg für Fahrzeuge glücklicherweise gesperrt. Einige Schritte nach dem Sperrschild weist uns eine rote Pfeilmarkierung (Felsblock) nach rechts. Man gelangt zu einem an der westlichen Abbruchkante entlangführenden Pfad. Folgt man diesem nach Süden in Richtung Westhalten, erschließt sich einem, ohne davon abweichen zu müssen, die ganze Vielfalt der Natur. Eine der Besonderheiten vom Strangenberg ist übrigens der Diptam. Früher recht häufig, ist er inzwischen sehr selten geworden. Er ist wärmeliebend und gedeiht besonders auf kalkhaltigen Böden (Blütezeit im Mai).

Der Pfad trifft auf eine Rastbank und kurz danach (Felsblock) setzt unser Abstiegspfad (rotes Dreieck) an. Auf dem befestigten Weg Richtung Westhalten sieht man links der Kirche bereits, wie es nach dem Ort weitergeht. Dort setzt der Verbindungsweg zum Ausgangsort an. In Westhalten angekommen, geht es zunächst durch eine enge Gasse (Rue Haute) und an deren Ende links in der

Rue de l'Eglise weiter. An der Ortsdurchfahrtsstraße (Rue du Soultzmatt) angekommen, hält man sich etwas nach rechts und biegt beim Sanitärgeschäft Obrecht rechts ein. Auf dem Wirtschaftsweg etwas aufwärts, gabelt sich dieser auf Höhe eines Wasserbehälters. Wir nehmen den linken Zweig, d.h. weichen hier vom Pflastersteinweg ab, queren damit auf nahezu dem gleichen Höhenband den Rebhang und gelangen so ohne weitere Mühe wieder nach Soultzmatt.

Information

- **Ausgangspunkt/-ort:** Soultzmatt
- **Wegstrecke:** 8 km
- **Gehzeit:** 2 1/2 Std.
- **Karte:** IGN 1: 25 000, Blatt 3719 OT, Grand Ballon – Guebwiller
- **Hinweis:** botanisch weniger Versierten wird die Mitnahme eines Pflanzen-Bestimmungs-büchleins empfohlen.

Südvogesen

Südvogesen

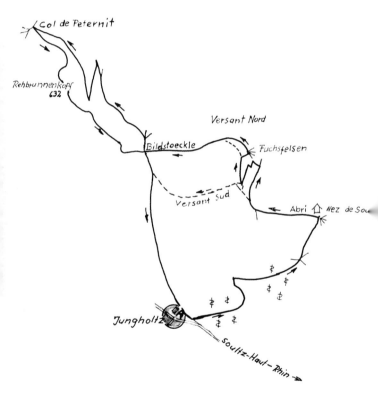

Col de Peternit

Rehbrunnenkopf
632

Versant Nord

Bildstoeckle

Fuchsfelsen

Versant Sud

Abri ⌂ Nez de Sou

Jungholtz

Soultz-Haut-Rhin →

Herbstlaub im Edelkastanienwald

Vor allem in den Wäldern des Elsaß ist im Herbst der Boden mit kleinen Stacheligeln bedeckt, aus denen in glänzender Schale Edelkastanien quellen. Die edlere Zubereitungsart gibt es als „heiße Maronen" auf einem der Märkte oder vom Händler an der Ecke zu kaufen.

Streckenführung
Jungholtz (Rimbachtal) – Nez de Soultz/Abri – Heidenbuckel – Versant Nord – Teilstück „Circuit botanique" – Fuchsfelsen – Bildstoeckle – Rehbrunnenkopf - „Sentier Simbert Krenger" – Col de Peternit – Bildstoeckle – Jungholtz

Routenführung
Der Eingang zum schönen Blumental, dem des Flüßchens Lauch, ist von den beiden Städten Soultz-Haut-Rhin und Guebwiller stark verbaut, so daß dort mit einer Tour zu beginnen, nicht jedermanns Sache ist. Die von Wald und Reben bestandenen Berghänge der Umgebung, vor allem zur Südwestseite hin, sind jedoch schönstes Wanderterrain, welches sich aber ebenso vom Rimbachtal aus erschließen läßt. Von der autobahnähnlichen N 83 kommend, nimmt man die Abfahrt Soultz-Haut-Rhin (von Colmar kommend die nächste nach Soultz-Haut-Rhin Nord), erreicht die südöstliche Stadtgrenze, und dort ist bereits Jungholz (Ausgangsort) ausgewiesen. Im Ort angekommen, besteht gegenüber dem Hotel-Restaurant Biebler (nahe gelegen die Straßengabelung Thierenbach-Rimbach) Parkmöglichkeit. Unmittelbar dahinter führt uns eine Seitenstraße zwischen einem alten Fabrikgebäude auf der einen, Kinderspielplatz und Tennisanlage auf der anderen Seite, gegen den Berghang. Dort geht es rechts ab entlang einer Häuserzeile in Richtung Rheinebene. Kurz nach dem Haus Nr. 1 weist ein erstes Wanderschild u.a. auf Soultz Hôpital (blaues Punktsymbol). Wir biegen in die erste Seitenstraße (Rue du Binsbourg) ein und gelangen nachfolgend auf einen Rebweg. Die Tafel Chemin Interdit braucht dem Wanderer nicht zu schrecken. Nach etwa 300 m gabelt sich der Weg. Halblinks halten wir uns in Richtung Nez de Soultz. Der von Strauchwerk etwas verdeckte Wegzeiger ist ein wenig irreführend. Der richtige Weg ist der rechts vom alten Grenzstein aus. Im nahegelegenen Wald gelangt man zunächst in einen von Erlen bestandenen Grund,

und nach scharfer Rechtskehre geht es eine Etage höher abermals in die Rebzone. Von hier schweift der Blick in die Rheinebene. Besonders markant sind dort die Fördertürme und Abraumhalden, um Bollwiller und Ensisheim, Hinterlassenschaften des Kalibergbaus. Es folgt ein Kreuzungspunkt, von dem aus linker Hand ein Direktweg (Markierung: Rot-Weiß-Rot) zum Bildstöckle abzweigt. Wir gehen am Waldrand einige Meter rechts und nehmen dann die angezeigte Route in Richtung Nez de Soultz/Abri (Orientierung: blaues Dreiecksymbol).

In sanfter Steigung wandert man nun durch den Kastanienwald, in dem es im Herbst den Anschein hat, als stünde sein Goldgelb im Wettstreit mit den herbstlichen Farben der Reben. Den schönen Aussichtspunkt (Nez) auf Soultz erreicht man nach ca. 40 Minuten Gesamtgehzeit. Unmittelbar neben der kleinen Schutzhütte (Abri) geht es weiter (blaues Dreieck). Am sogenannten Heidenbuckel tritt der Wald etwas zurück und macht einer größeren Fläche mit Erikasträuchern Platz. Hier müssen wir etwas aufpassen (Schlüsselstelle).

Zu unserem nächsten Zwischenziel Bildstoeckle gibt es zwei Möglichkeiten. Eine als Versant Sud (Direktweg) bezeichnete Strecke ist mit Rot-Weiß-Rot markiert, eine andere (Versant Nord) ist mit blauen Dreiecksymbolen versehen. Zu letzterer gibt es eine interessante Variante über ein Teilstück eines botanischen Pfads. Hierzu halten wir uns an der Freifläche des Heidenbuckels zunächst halbrechts gegen Guebwiller (blaues Dreieck). Wo sich wenig später der Weg stärker absenkt, ist auf der linken Seite der Zugang zu einem geländergesicherten Pfad. Der Einstieg selbst ist nicht markiert, aber man sieht vom Weg aus die Holzbrüstung. Im Anstieg kommt man an einigen mit Nummern und Blumenmotiven versehenen Täfelchen (Circuit botanique) vorbei. Der Pfad schlängelt sich durch eine Felspartie an dem einst Rotsandstein als Baumaterial gebrochen wurde. Beim Tafelanschrieb Nr. 22 (an dieser Stelle ist zusätzlich ein rotes Rechteck) geht es rechts entlang dem Geländer aufwärts. Oben stößt man auf einen Querweg. Wir halten uns rechts, d.h. vorbei am Schild „Route Forestière Privé" und sind wenig später am Fuchsfelsen (Aussichtspunkt). Danach setzt sich der Wanderpfad entlang der Abbruchkante fort. Obgleich etwas sparsam markiert, kann man die Route des Versant Nord kaum verfehlen. Der Pfad mündet später in einen Waldweg, auf dem es zum Bildstoeckle (Kruzifix/Rastplatz) weitergeht (Gesamtgehzeit etwa 2 Stunden).

Abkürzungsmöglichkeit: Vom Bildstoeckle auf dem Versant Sud (Markierung: Rot-Weiß-Rot) etwas zurück, dann rechter Hand auf eine mit gelbem Dreieck markierte Strecke in Richtung Jungholz wechseln (ca. 2 1/2 Std.).

Verlängerung: An der Vorderseite des Kruzifix vorbei (nach Norden) setzt 50 m weiter ein breiter Waldweg an. Peternit par Rehbrunnenkopf (blaues Dreieck) ist unsere Route. Zunächst auf dem Waldfahrweg aufwärts, zweigt davon bald der Anstiegspfad zum Rehbrunnenkopf links ab. Bei 632 Metern ist auf dem Rehbrunnenkopf der höchste Punkt der Tour erreicht. Danach geht es auf dem „Sentier Simbert Krenger" bergab zum Col du Peternit. Viele Wege kreuzen sich hier. Einer davon führt z.B. über Munsteraeckerle-Col de Judenhut zum Grand Ballon. Wir hingegen beginnen an dieser Stelle den Rückweg, d.h. wir halten uns beim Einmünden in den Kreuzungspunkt sogleich links in den ersten Waldweg (siehe Skizze). Obgleich an dieser Stelle kein Hinweis ist, kann man nicht fehl gehen. Wo sich der Weg nach ca. 1 km zusehends verjüngt, ist dann wieder die Markierung (Rot-Weiß-Rot) vorhanden. Wie bei der Abkürzungsvariante bleibt man vom Bildstoeckle aus noch ein kurzes Stück auf der Rot-Weiß-Rot markierten Route (wie Hinweg) und biegt dann in den mit gelbem Dreieck bezeichneten Pfad Richtung Jungholz ab.

In Jungholz erinnert ein großer Friedhof daran, daß hier jahrhundertelang Juden lebten, wohnten und arbeiteten bis sie von den Nazis vertrieben und verfolgt wurden.

Information

- *Ausgangspunkt/-ort:* Jungholz
- **Wegstrecke:** 12 km; Abkürzungsstrecke 7 km
- **Gehzeit:** 3 1/2 – 3 3/4 Std.; Abkürzung: 2 1/2 Std..
- **Karte:** IGN 1:25 000 Blatt Nr. 3719 OT, Grand Ballon – Guebwiller.
- **Sonstiges:** Unweit von Jungholz liegt die Wallfahrtskirche Thierenbach (u.a. zahlreiche Votivtafeln).

Vogesen

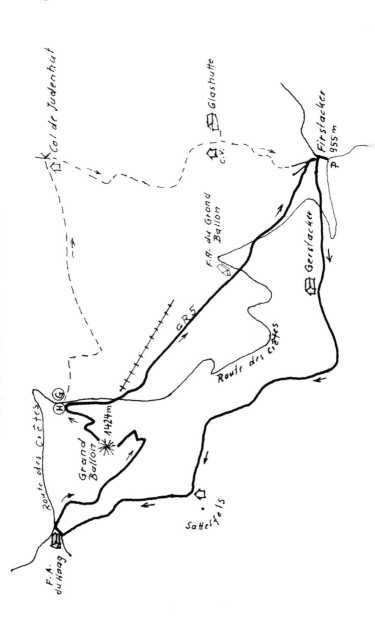

Zum Grand Ballon der Aussicht und der Blumen wegen

Glaubt man den Esoterikern, so gibt es in unseren Mittelgebirgen eine ganze Reihe sogenannter „Kraftplätze", u.a. die diversen Belchen. Konkreter ist, daß sich anhand dieser Berge – die Rede ist vom Belchen in den Vogesen, der „Bölchenfluh" im Schweizer Jura und dem Schwarzwaldbelchen – markante Kalenderdaten bestimmen lassen. Und anzunehmen ist, daß dieses Beziehungsgeflecht den Kelten in unserem Raum kaum verborgen geblieben sein dürfte. Sieht man z.B. ausgehend vom Elsässer Belchen (Ballon d'Alsace) die Sonne über dem Schwarzwaldbelchen aufgehen, lassen sich damit Frühlings- bzw. Herbstanfang bestimmen. Erhebt sich hingegen die Sonne über dem 1424 m hohen Grand Ballon ist es im Kalender 1. Mai. Überzeugte „Belchisten" sehen denn auch in der Namensgebung keinen Zufall, sondern führen den Namen Belchen auf Belenus, dem Sonnengott dem die Kelten huldigten, zurück.

Wir halten uns in dieser Tour an den mit 1424 Metern höchsten. Der Große Belchen ist nicht ohne Grund Naturschutzgebiet. Besonders an seiner Südflanke wartet er mit einer einzigartigen Flora auf, der einen Besuch in jedem Fall lohnend macht. Die Hauptblütezeit liegt ungefähr zwischen Mitte Juni bis in den Juli hinein. Das Gipfelplateau selbst glich lange Zeit einer Großbaustelle. Vom französischen Stararchitekten Claude Vascon entworfen, entstand hier 1997 ein futuristisches Gebäude, welches die Flugsicherheit über Frankreich überwachen hilft. Durch die Bauarbeiten, aber auch durch Biker und Trittschäden hat die Natur hier jahrzehntelang schwer gelitten. Seit geraumer Zeit ist man nun aber dabei, Freiräume einzugrenzen und Besucherströme zu kanalisieren, um der spärlichen Pflanzendecke auf dem weiträumigen Plateau eine neue Chance zu geben. Auf den Gipfel kann man in wenigen Minuten von der Fahrstraße, der „Route des Crêtes", aus steigen. Etwas ausgedehnter ist der Anstieg von Osten, von der Ferme Auberge du Haag aus. Diese Route führt über die von Geröllbändern durchzogene Südabdachung, und genau dort erwartet uns die schönste Blumenpracht. Wem eher eine „richtige" Wanderung vorschwebt, dem bieten sich diverse Ablaufpunkte in gemessener Entfernung. Einer davon liegt im Südwesten des Berges am Firstacker. Zufahrt über Cernay bzw. Willer (Thurtal).

Streckenführung

Firstacker – Gerstacker – Sattelfels (Hütte) – Ferme Auberge du Haag – Grand Ballon (1424 m) – „Route des Crêtes" (Höhenmarke 1343 /Restaurant) – Firstacker

Routenbeschreibung

Mit 955 m ist der Aufstieg vom Firstacker nicht allzu beschwerlich. Entlang der Grand Route 5 zum Gipfel mit Rückweg über den Belchenwald – Col de Judenhut – Ferme Auberge Glashutte – Firstacker wäre eine Möglichkeit (siehe Skizze).

Eine andere beschreibt nachfolgende Wegführung: Vom Parkplatz an der Fahrstraße („Route des Crêtes") ein kurzes Stück aufwärts in Richtung Glashütte/Ref. Sudel setzt dort eine mit gelbem Punkt markierte Route (Col du Haag/Gerstacker) an. Zunächst durch Ginstergesträuch, dennoch mit schönem Ausblick, taucht man danach bis Gerstacker in den Wald ein. Hinweise auf einen Circuit de Grand Ballon sind nicht für Wanderer, sondern für den Skilanglauf gedacht. Bei einer Weggabelung setzt sich die mit gelbem Punkt markierte Route gegen Altenbach ab. Wir orientieren uns nun an einem gelben Kreuz in Richtung Col du Haag. Erneut im Waldgelände steigt der breite Weg allmählich an und führt uns nahe dem Sattelfels zu einem schönen Rastplatz mit Schutzhütte. Danach erreichen wir das Naturschutzgebiet und durch den Bannwald öffnet sich hie und da auch ein erster Blick auf unser Gipfelziel.

Die Weidfläche mit der Ferme Auberge du Haag erreichen wir nach ca. 1 1/4 Std. Rechter Hand ist der Zustieg zum Grand Ballon „par Versant Sud" angezeigt. Am Weidezaun entlang ca. 200 m aufwärts führt der Pfad nach rechts und zur Südabdachung des Berges. Vogesenstiefmütterchen in vielfältiger Farbgebung, Gelber Enzian, Großblütiger Fingerhut, Orchideengewächse, Türkenbundlilien und vieles mehr sind hier auch vom weniger botanisch geschulten Auge auszumachen.

Nahe dem „Monument des Diables Bleus", zu Ehren der Alpenjäger, die hier im Ersten Weltkrieg gekämpft haben, betreten wir das Gipfelplateau. Unweit davon ist vom Flugsicherungsgebäude (Rundlauf mit Orientierungstafeln) der Ausblick noch umfassender.

Danach wandern wir zur Nordseite des Berges und steigen dann zur Vogesenhochstraße ab, wo Einkehrmöglichkeit sowohl im Hotel des Vogesenclubs wie in einem Selbstbedienungsrestaurant besteht.

Rückroute: Zunächst halten wir uns ca. 5 Minuten in südlicher Richtung entlang der Fahrstraße. Auf Höhe einer Liftanlage geht es dann links abwärts entlang einer Waldschneise. Als Skipiste im Winter ist diese für die Wanderer die Grand Route 5, markiert mit rotem Rechtecksymbol. An der Ferme Auberge du Grand Ballon kommt man kurzfristig nochmals mit der „Route des Crêtes" in Berührung. Hier wie wenig später überquert man den Verkehrsweg (D 431), folgt danach jeweils dem Hauptpfad Richtung Col Amic und gelangt so wieder zum Ausgangspunkt.

Information

- **Ausgangspunkt/-ort:** Firstacker
- **Wegstrecke:** 10 km
- **Gehzeit:** 2 3/4 – 3 Std.
- **Einkehrmöglichkeit unterwegs:**
  Ferme Auberge Haag und Grand Ballon,
  Hotel Club Vosgien, Self service Restaurant
- **Karte:** IGN 1:25 000, 3719 OT Grand Ballon

Südvogesen

Südvogesen

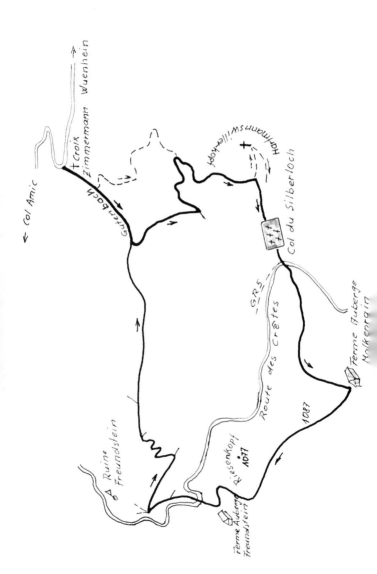

Wege am Schicksalsberg, dem Hartmannswillerkopf

Lingen-, Buchen-, Reichsacker- und Hartmannswillerkopf waren Brennpunkte der Kämpfe im Ersten Weltkrieg. Da die Entscheidungen aber an ganz anderen Stellen fielen, galten die Kämpfe nur dem Halten von Positionen, der jeweilige Besitz einer ansonsten eher unbedeutenden Bergkuppe war eine reine Prestigeangelegenheit. Dennoch fanden ca. 20 000 Soldaten allein am Hartmannswillerkopf den Tod, und den Geschützdonner habe man bis Freiburg vernommen, wie Zeitzeugen berichteten.

Streckenführung
Croix Zimmermann (nahe Wuenheim) – Unterstand Esberard – Kreuzotterpfad – Unterstand Beskid – Veilchen-Stein – Doppelkopf – Hartmannswillerkopf („Le Vieil Armand") – Col du Silberloch – Ferme Auberge Molkenrain – Ferme Auberge Freundstein – Gutenbachtal – Croix Zimmermann

Routenbeschreibung
Von Soutz-Haut-Rhin zunächst in Richtung Jungholz hält man sich jedoch nach ca. 1 km geradeaus, kommt am Memorial Roter Rain, nachfolgend am Campingplatz La Sapinière vorbei und gelangt nahe einer Waldhütte zum sogenannten Croix Zimmermann.

Den ursprünglichen Plan, aus dem Gutenbachtal, gleich bei der ersten Abzweigung, d.h. von Norden her, entlang einer gelben Dreiecksmarkierung zum Hartmannswillerkopf aufzusteigen, hat Sturm „Lothar"(1999) verhindert, der auch den Wäldern der Vogesen arg zugesetzt und Wanderwege blockiert hat, die zum Teil bis heute noch nicht wieder begehbar sind; so war eine Änderung der Routenführung notwendig.

Zunächst nimmt man wie vorgesehen vom Steinkreuz den breiten Waldweg nach links ins Gutenbachtal. Der Hinweis auf den Hartmannswillerkopf weist uns die Richtung. Nach ca. 300 m setzt linker Hand der mit gelbem Dreieck markierte Pfad (Tanzplatz, Felseneck, Doppelkopf) an, der aber sicher noch geraume Zeit blockiert sein dürfte. Wir gehen daher weiter taleinwärts, halten uns aber bei der nächsten Abzweigung (Par Anc Lignes Franc/blaue Punktmarkierung) nach links über den geländergesicherten Holzsteg. Der führt zunächst in einen Waldeinschnitt, weicht nachfolgend etwas nach rechts aus und gewinnt entlang einer Bergrippe an Höhe. Schon auf diesem kurzen Wegstück sind einige der Überreste des Krieges – siehe Esberard, ein Postenstand benannt nach einem französischen Leutnant, der hier am 16.6.1916 gefallen ist – zu sehen. Im weiteren Aufstieg erreicht man eine Jägerkanzel und trifft 30 m oberhalb (Schlüsselstelle) auf einen breiten Holzabfuhrweg (Markierung roter Punkt/blaues Dreieck). Auf diesem gehen wir nach links weiter. Wenig später setzt rechts der Kreuzotterpfad an. Hier eine Schlange anzutreffen, dürfte aber eher unwahrscheinlich sein. Die ersten 30 m des Pfades sind steil, dann aber verläuft er nach links und quert den Hang nahezu auf demselben Höhenband. Am sogenannten Unterstand Beskid treffen wir dann endlich auf die mit gelbem Dreieck markierte Anstiegsroute. Deren talseitiger Zugang war zeitweise unpassierbar. Weiter aufwärts gibt es von dieser Stelle aus keine weiteren Unterbrechungen, und auch die Markierung ist ausreichend vorhanden.

Eines der markantesten Zeugnisse auf diesem Wegstück ist ein mächtiger Felsblock, der wie ein Labyrinth unterhöhlt ist. Die markierte Route führt unmittelbar davor (Schlüsselstelle) treppenartig aufwärts und setzt sich im einstigen Laufgraben über den sogenannten Veilchen-Stein und Doppelkopf nach oben hin fort (Gesamtgehzeit 1 1/4 – 1 1/2 Std.).

Noch vor dem Gipfel treffen wir auf ein kleines Feld von Unterständen. Zum eigentlichen Hartmannswillerkopf geht es halblinks weiter (rote Ringmarkierung). Wer diesen aber bereits kennt – den Besucher erwarten dort keine wesentlich anderen Überbleibsel – hält sich jetzt halbrechts und trifft im Abstieg auf den vom Gipfel zum Silberloch führenden Verbindungsweg (Markierung: rot-weiß-rotes Rechteck).

Der eindrucksvolle Soldatenfriedhof mit angrenzender Krypta für 12000 unbekannte Gefallene wurde zum französischen Nationaldenkmal erklärt. Unweit trifft man am Col du Silberloch auf die Vogesenhochstraße („Route des Crêtes"). Linker Hand gibt es einen Info-Stand und Einkehrmöglichkeit in der Auberge du Silberloch.

Abkürzungsmöglichkeit: Nach rechts weisend (s. Skizze) verläuft die Trasse des Fernwanderweges GR 5 (rotes Rechteck). Nach 2,5 km besteht von der Höhenmarke 859 aus Abstiegsmöglichkeit ins Gutenbachtal (Croix Zimmermann).

Eine *erweiterte Route* (ca. 45 Minuten länger) bietet Einkehrmöglichkeiten in den Ferme Auberge Molkenrain und Freundstein. Vom Col du Silberloch (schräg gegenüber der Auberge du Silberloch) setzt der Zugangsweg an. Erst 100 m einwärts ist ein Hinweis auf Molkenrain. Durch den Wald ansteigend erreicht man zunächst die Skiclubhütte Cernay, dahinter geht es nach links am Zaun entlang in Richtung Ferme Auberge Molkenrain (schöne Aussicht). Der Weiterweg (Rot-Weiß-Rot) durchquert dahinter nach rechts aufwärts die Weidfelder, steigt bis auf 1087 m an und senkt sich auf der anderen Seite zur Ferme Auberge Freundstein ab. Unweit davon treffen wir erneut auf die Vogesenhochstraße ("Route des Crêtes"). Mit Blick gegen Norden sehen wir in ca. 1 km Entfernung auf einer kleinen Bergkuppe die spärlichen Reste der einstigen Burg Freundstein. Sie dient uns zunächst als Orientierungsmarke. Entweder wir gehen in ihre Richtung ein Stück an der Straße entlang, oder wenn die Weide nicht vom Vieh besetzt ist, etwas rechts der Straße auf dem Wiesenweg. Eine zweckentfremdete Badewanne zeigt uns den Zugang an. Bei der Karten und Höhenmarke 859 (freier Platz) teilen sich die Wege. Nach Norden i.R. Burgruine gibt es derzeit kein Weiterkommen. Wegen der Sturmschäden mußte selbst die Route der GR 5 (roter Balken) vorübergehend auf eine andere Trasse (Deviation) verlegt werden. Eine Fortsetzung der Tour in diese Richtung ist also nicht sinnvoll. Wir wenden uns daher nach rechts und steigen ins Gutenbachtal ab (Markierung grünes Dreieck). Im Abstieg heißt es an einer Stelle etwas aufzupassen. In einer Kehre spaltet sich der sogenannte Rattenpfad (roter Punkt) geradeaus ab. Wir folgen nach links dem Hauptweg (grünes Dreieck). Er führt uns wieder zurück zum Ausgangspunkt.

Information

- ***Ausgangspunkt/-ort:*** Croix Zimmermann (nahe Soultz-Haut-Rhin)
- **Wegstrecke:** 13 km, Abkürzung (s.Text) 11 km
- **Gehzeit:** 4 – 4 1/2 Std.
- **Karte:** IGN 1:25 000, Blatt 3620 ET, Thann-Masevaux
- **Hinweis:** Mitnahme einer Taschenlampe empfehlenswert

Südvogesen

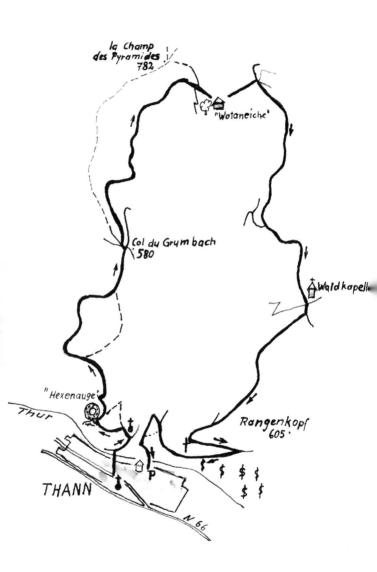

Perle im Thurtal

Das kleine Städtchen Thann ist die südliche Pforte zur Elsässischen Weinstraße und zugleich idealer Ausgangsort für zahlreiche Unternehmungen in den Südvogesen.

Geschichte: Ursprünglich zur Grafschaft Pfirt (frz. Ferette) gehörig, fiel der Ort nach Aussterben des Geschlechts an das Haus Habsburg. Seit 1360 besitzt er Stadtrecht. Aufgrund seiner Schlüssellage am Eingang ins Thurtal wurde er wiederholt durch Kriegshandlungen in Mitleidenschaft gezogen: Zerstörungen im Hundertjährigen Krieg 1365 durch die Engländer, 1444 Einfall der Armagnaken, 1468 durch die Schweizer und 1525 während des Aufstandes der Sundgauer Bauern. Im Dreißigjährigen Krieg bekämpften sich hier die Schweden und die Kaiserlichen. Im Westfälischen Frieden 1648 wurde Thann mit dem Sundgau Frankreich zugeteilt. Nach dem Krieg 1870/71 kam es wieder an Deutschland, wurde bei Ausbruch des Ersten Weltkrieges von den Franzosen besetzt und damit erneut in das Kriegsgeschehen einbezogen. Letztmalige Zerstörung erlitt es bei den Rückzugsgefechten deutscher Truppen 1944.

Sehenswürdigkeiten
Kirche St. Theobald. Sie gilt neben den Münstern zu Freiburg und Straßburg als eines der bedeutendsten gotischen Bauwerke. Westportal (Großes Portal) mit reichem Figurenschmuck. Geschnitztes Chorgestühl, Sternengewölbe, farbenprächtige Glasfenster, „Madonna der Winzer".

Streckenführung
Thann – Engelsburg (Engelsburg) – Col du Grumbach (Fesselplatz) – Rehbrünnele – „Wotaneiche" – Pastetenplatz – Waldkapelle – Croix du Rangen – Thann.

Routenbeschreibung
Von der Rheinseite kommend (N 66) befindet sich rechts nahe dem Stadtkern ein großer Parkplatz, unweit davon der wuchtige Rundturm (Hexenturm) als Teil der ehemaligen Stadtbefestigung. Von dort über die Rue Anatole Jacquot gelangt man zur Kirche im Stadtzentrum. Nach der Besichtigung geht es zunächst hinauf zur Ruine der einstigen Pfirter Burg, auch Engelsburg genannt (20 – 25 Min.). Ausgehend von der Kirche St Theobald in die Rue

St. Thiebaut, am Museum vorbei, dann über den Fluß Thur, stoßen wir am Fuß des Berghangs auf ein Kriegerdenkmal. Die Richtung zum Château ist an dieser Stelle ausgewiesen. Nach rechts geht es in die Rue du l'Engelsburg, gefolgt von der Rue Marsilly, dann zu einer Kapelle, vor der man sich links aufwärts hält. Mit geringer Steigung führt der Weg an einer Mauer entlang in den Wald, holt damit im Anstieg zur Burg noch etwas weiter aus (siehe Skizze). Eine aussichtsreichere Anstiegsvariante leitet wenig oberhalb der Kapelle, d.h. bereits am Waldrand links (Pfad mit Geländer/ohne Markierung), bergan. Beim Übergang an die Franzosen wurde die Burg 1673 gesprengt. Ein Rundstück des dabei umgestürzten Wohn-/Wehrturms (Bergfried/frz. Donjon) blieb dabei in einer etwas ungewöhnlichen Lage liegen, im Volksmund „Hexenauge" genannt.

Von den Burgresten steigen wir eine Terrasse tiefer ab, nehmen bei der Infotafel links haltend den breiten, ebenen Weg. Nach wenigen Metern informiert eine Hinweistafel. Von hier bis zum Col du Grumbach folgt man der Grand Route 5 (Markierung: rotes Rechteck). Hier weichen wir von der GR 5 ab und nehmen rechter Hand die Direktroute (gelbes Kreuz) in Richtung Wotaneiche. Kurz davor stößt man zunächst auf das „Rehbrünnele". Man durchquert dort die Eisenschranke (Schlüsselstelle) und erreicht auf dem breiten Forstweg wenig später einen schönen Rastplatz mit Rundhütte und Feuerstelle (ca. 2 Std./Kartenpunkt 758/Abri). Darüber thront, sich mit ihrem Wurzelwerk auf einem Felsen festkrallend, die „Wotaneiche".

Nach der Rast geht es zunächst auf dem breiten Weg noch etwas bergan (gelbes Kreuz). Am Pastetenplatz (Schlüsselstelle) halten wir uns dann rechts, nunmehr mit Orientierung an einem rot-weiß-roten Rechteckzeichen in Richtung Waldkapelle. Abzweigungen nach Thann (z.B. über Langgrund) bleiben dabei noch unbeachtet. Bei der Waldkapelle weist eine Rückwegroute nach Thann über Ihlersthal. Wir hingegen nehmen die über das Croix du Rangen. Der Zugang liegt etwa 150 m abgesetzt von der Waldkapelle (Schlüsselstelle) und ist neben dem rot-weiß-roten Rechteck mit einer roten Ringmarkierung versehen. Es ist ein schöner Waldpfad bis zum Croix du Rangen mit herrlichem Blick auf Thann.

Anschließend geht es halblinks auf einem Pfad weiter. Gesäumt von Strauchwerk verläuft er zunächst in Richtung Rheinebene, vollzieht später aber einen scharfen Rechtsschwenk (Schlüsselstelle). Nach dem Schwenk gegen Westen und weiterem Abstieg leitet er uns hinaus an den oberen Rand des Rebhanges. Beim Einmünden in einen breiten Weg (ohne Markierung) führt er in einem Rechtsbogen noch ein Stück am Berghang entlang, dann folgt der Abstieg in den Talgrund.

Information

- **Ausgangspunkt/-ort:** Thann
- **Wegstrecke:** 11 km
- **Gehzeit:** 3 1/2 Std.
- **Karte:** IGN 1:25 000, Blatt 3620 ET, Thann-Masevaux
- **Auskünfte:** Office de Tourisme am Place Joffre gleich neben der Kirche.
- **Sonstiges:** traditionelles Fest der „Drei Tannenverbrennung" im Juni.

Südvogesen

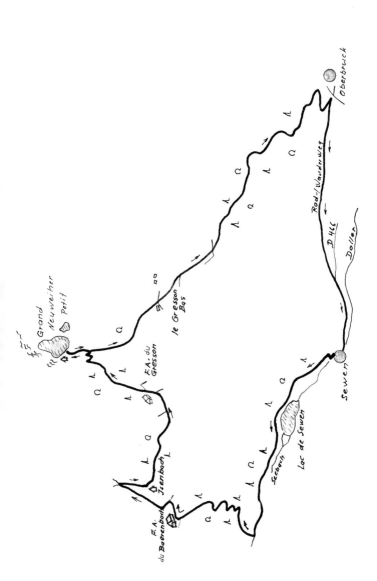

Wandern im schönen Dollertal, wo die Idylle wohnt

Die Entscheidung, welches der bemerkenswerteste Berg, See und Ort im südlichen Elsaß ist, fiele mir nicht schwer: Petit Ballon, der kleine Belchen zum einen, Lac Neuweiher zum anderen und Sewen, ein kleiner Ort im Dollertal.

Versierten Wanderern, Freunden und Kennern der Vogesen dürfte der Weg zum Neuweiher bekannt sein, und sicher hat sich der eine oder andere schon in die große Schar der Einheimischen, die vor allem an Wochenenden recht zahlreich dem verschwiegenen Waldsee zustreben, eingereiht. Für Nichteingeweihte eine kurze Wegbeschreibung: Von Mulhouse kommend, fährt man auf der A 36 bis Burnhaupt, wechselt dann auf die D 466 und gelangt über Pont d'Aspach – Masevaux nach Oberbruck. Dort geht es zunächst ins Seebachtal und dann wenig später links nach Ermensbach. Hier wandern wir entweder durch den sogenannten „Riesenwald" direkt zum kleinen und großen Neuweiher oder der Hin- oder Rückweg wird mit einer Einkehr in der Ferme Auberge le Gresson Moyen abgerundet (siehe Wegskizze). Wer diese Tour bereits kennt, gut zu Fuß ist und das eher Unbekannte bevorzugt, sei in dieser Gegend durch nachfolgende Route zu anderem animiert.

Streckenführung
Sewen – Lac de Sewen – Ferme Auberge du Baerenbach – Isenbach – Ferme Auberge du Gresson – Grand Neuweiher – Gresson Bas – Oberbruck – Sewen

Routenbeschreibung
Im Ortszentrum neben der Kirche und dem achteckigen Brunnen besteht Parkmöglichkeit. Von hier hält man sich am rechten Rand der Friedhofsmauer in die Rue du Ballon. Eine Wandertafel weist an dieser Stelle in Richtung der ersten Wegstation, dem Sewensee (Lac de Sewen/blaue Balkenmarkierung/GR 531). Nach etwa 250 Metern entlang der Durchfahrtsstraße wechseln wir nach rechts über eine Steinbrücke, biegen aber gleich zu Beginn der Rue Foerstel links in einen Saumpfad ein (Hinweistafel Lac d'Alfeld/Baerenbach). Er führt uns am rechten Rand des Bachlaufs zum Sewensee, einem ersten Höhepunkt dieser Runde. Hier wie in den umliegenden Feuchtwiesen

herrscht noch Natur pur mit all ihren sichtbaren wie verborgenen Schätzen an Fauna und Flora. Weiter geht es den Seebach entlang, der besonders im Frühjahr bis auf den Wanderpfad ausufert. Nach Überschreiten des Baerenbachs geht es zunächst noch ein kurzes Stück in Richtung Lac d'Alfeld, doch unmittelbar nach der kleinen Steigung wechseln wir von der GR 531 nach rechts auf die nach Baerenbach weisende Route (blaues Dreieck). Das Gelände steigt nun stärker an, doch spendet der von Felsbrocken durchzogene Wald reichlich Schatten, so daß wir nicht allzu sehr ins Schwitzen geraten. Wo der Wald sich etwas lichtet, hält man sich an einer Weggabelung rechts und erreicht wenig später den südlichen Rand der Bergweiden um Baerenbach. Die Ferme Auberge bietet uns eine erste Rastmöglichkeit (Gehzeit ca. 1 Std.).

Unmittelbar am rechten Rand des Anwesens setzt der Weiterweg in Richtung Isenbach an (blaues Dreieck). Es folgt ein Anstieg im Wald. Nach einem Durchschlupf in der Weideumzäunung betreten wir einen Querweg, auf dem wir uns nach links orientieren. In einem Zwischenabschnitt verläuft der letzte Streckenteil bis Isenbach auf dessen Zufahrtsweg (blaue Balkenmarkierung). Der Blick schweift nun frei hinüber zu den Bergen Tremontkopf, Langenberg und Ballon d'Alsace auf der anderen Talseite. Auf der Rückseite des langgestreckten Gebäudes weist uns eine Wegtafel nach Gresson und Neuweiher. Vom Wiesenhang weiter bergan durch den Wald haben wir oben auf der Hochweide bei rund 950 m den höchsten Punkt dieser Tour erreicht. Damit öffnet sich nun auch der Blick nach Norden zum Grand Ballon sowie unter uns auf das Berggasthaus Gresson (Gesamtgehzeit ca. 2 Std.). Lediglich an Wochenenden besteht während der Hauptwanderzeit Einkehrmöglichkeit am Neuweiher, im Vereinshaus des Vogesenclubs Masevaux. So nahe am Ziel sollte man sich aber auf jeden Fall den Abstecher zum malerischen Waldsee nicht entgehen lassen. Dazu steigt man vom Berggasthaus auf dem gut ausgebauten Wanderpfad der GR 531 rund 100 Höhenmeter ab (ca. 20 Minuten). Angesichts der hier herrschenden Idylle wird verständlich, warum der malerische, in die Vogesenberge eingebettete Neuweiher so zahlreich die Besucher anlockt.

Rückweg: Entweder wie auf dem Hinweg über Ferme Auberge Gresson und Baerenbach oder über Gresson Bas – Oberbruck. Zu letzterem Vorschlag steigen wir unweit dem Clubhaus zunächst wieder etwas auf der GR 531 gegen Gresson an. Bei der großen Tafel (Zone Protégée de Neuweiher/Zone du Silence), an welcher wir bereits auf dem Hinweg vorbeigekommen sind, weicht man von der blauen Balkenmarkierung ab und orientiert sich nun in Richtung Oberbruck (blaues Kreuzsymbol). Diese Route berührt zunächst die Weiden um Gresson Bas und setzt sich nachfolgend im Wald bis Oberbruck fort. Am westlichen Ortsrand mündet der Wanderweg direkt in eine ehemalige Bahntrasse, die aber mittlerweile zum Fußgänger- und Radweg (Piste cycable) umgebaut wurde. Nach rechts haltend kehren wir auf dem geteerten Weg (blaues Dreieck) nach Sewen (2 km) zurück.

Information

- ***Ausgangspunkt/-ort:*** Sewen (Dollertal)
- **Wegstrecke:** 15 km
- **Gehzeit:** 4 1/2 – 5 Std, (Kurztour: Sewen – Sewensee – Ferme Auberge Baerenbach = Std. 2)
- **Karte:** IGN 1:25 000, Blatt Nr. 3620 ET, Thann-Masevaux
- **Hinweis:** Bei Anfahrt mit mehreren Fahrzeugen könnte auch eines davon in Oberbruck (zwecks späterem Transport nach Sewen) zurückgelassen werden.

Südvogesen

Schweizer Jura (östlicher Teil)

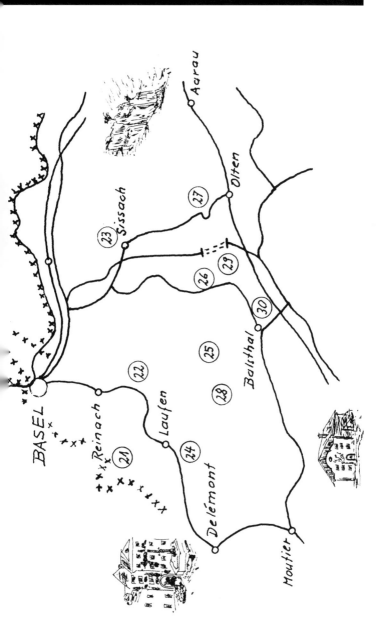

Schweizer Jura

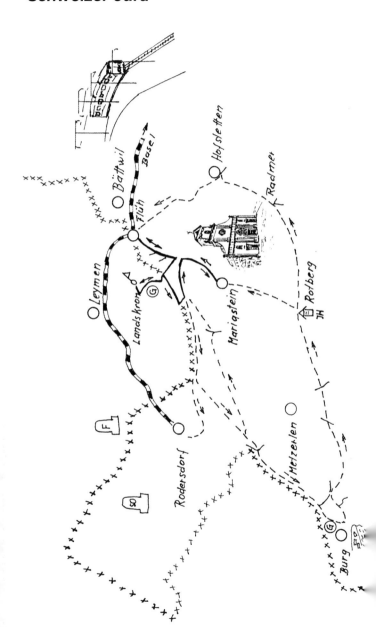

Mit der „Tram" zum Wandertreff

Mit der Straßenbahn von der Stadt hinaus aufs Land, das gibt es nicht nur in Basel. Doch sind hier die Voraussetzungen, so scheint es zumindest, vor allem was die Annäherung an das herrliche Tourengebiet des Schweizer Jura anbelangt, besonders günstig. Eine Linie führt z.B. durch das Birstal in Richtung Dornach mit Wandermöglichkeiten im Gebiet um den Gempen, eine andere, etwas weiter westlich, fährt über Bottmingen, Ettingen nach Rodersdorf. Letztere, die Linie 10, macht Halt in Flüh, und wie der Name schon ahnen läßt, sind wir dort bereits ganz dicht an den Kettenkura und seine für ihn typischen Felsformationen – in Schweizerdeutsch „Flüh" oder „Flue" genannt – herangerückt.

Und noch zwei Besonderheiten: Die Kantonsgrenzen verlaufen hier besonders verzwickt, und trotz der kurzen Distanz berührt die Tramstrecke deren gleich drei: Basel, Basel-Land und Solothurn. Und um das eidgenössische Rodersdorf ebenfalls an das Netz der Linie 10 anzubinden, verläuft deren Trasse bei Leymen sogar auf französischem Gebiet.

Streckenführung
Basel (Tram) – Flüh – Burg Landskron – Heulen 539 m – Mariastein – Flüh (alternativ Rodersdorf, bzw. Burg – Rotberg – Chöpfli – Flüh)

Routenbeschreibung
Neben dem Straßenbahnhaltepunkt Flüh befindet sich die Raiffeisen Bank. An ihr und dem Restaurant Landskron vorbei gelangen wir zunächst zu einer Schautafel, auf der das zwischen Hofstetten und Flüh gelegenene Gelände aufgezeigt ist. Unser erstes Ziel ist die Burgruine Landskron. Obgleich unweit des Ausgangsortes liegt sie doch bereits auf französischem Gebiet, ist aber ohne Formalität – für alle Fälle sollte man aber den Ausweis dabei haben – bequem in weniger als einer halben Stunde zu erreichen. Am Restaurant zur Rose links haltend, wandert man im sogenannten Sternrain aufwärts. Während dabei sowohl der untere wie der obere Landskronweg unbeachtet bleibt, geht es rechts im Tannwaldweg weiter. Oben auf der Anhöhe überschreiten wir die Landesgrenze, passieren auf französischem Gebiet einige Häuser, darunter das kleine Restaurant au Chasseur und steigen dann rechts zur Burg hinauf.

Geschichte

Die Burg wurde im 12. Jh. errichtet und später (17. Jh.) unter Vauban zur Festung ausgebaut. Die gewaltige Anlage wurde dann aber während der napoleonischen Kriege 1814 zerstört. Die Reste werden heute vom Verein „Pro Landskron" betreut. Unter seiner Schirmherrschaft wurden erst jüngst umfangreiche Restaurierungsmaßnahmen durchgeführt.

Die Öffnungszeiten in der Nebensaison sind gewöhnlich mittwochs und samstags von 14 – 18 Uhr, sonn- und feiertags zwischen 10 – 19 Uhr. Da man dort ohnehin vorbeikommt, sollte man sich aber im Restaurant au Chasseur nochmals vergewissern. Ein Besuch der Anlage lohnt sich schon wegen der sich uns vom mächtigen Viereckturm bietenden Rundsicht.

Danach geht es auf demselben Weg wieder zurück bis dicht an die Grenze. Ob man es beim kleinen Spaziergang, der Burgenexkursion bewenden läßt oder eine Wanderung anschließt, muß nun entschieden werden. Wahlweise bestehen dazu eine ganze Reihe von Möglichkeiten mit unterschiedlichen Entfernungen.

Wanderrouten: Kurz vor der Grenzlinie hält man sich rechts in Richtung Mariastein (Markierung: blaues Dreieck). Das ansteigende Teersträßchen mündet bald darauf in einen Feldweg, und am Ende der eingezäunten Weide wendet sich die markierte Route hart links. Nachfolgend kommt man am Heulenhof vorbei, wenig später sind wir auf der Anhöhe, dem sogenannten Heulen (539 m). Hatten wir bisher immer wieder den herrlichen Blick hinüber auf die Ruine Landskron, liegt nun im Süden die Klosterkirche Mariastein vor uns. Der direkte Weg dort hinunter und anschließend zurück nach Flüh, wäre eine Tourenvariante.

Geschichte

Für den Kulturinteressierten ist das Kloster und die Wallfahrtskirche Mariastein allein einen Ausflug wert. Wie viele Klöster hat auch diese Kirche eine bewegte Geschichte vorzuweisen. Am Anfang stand die Marienverehrung in einer Grotte, aus der im 15. Jh. eine Gnadenkapelle und Wallfahrtsstätte wurde. 1648 wurde diese in das entstehende Benediktinerkloster eingegliedert. Die Revolutionszeit von 1798 und sich daraus ergebende Einschränkungen führten jedoch zu dessen Niedergang, letztlich zur Aufhebung. Erst 1971 wurde die Abtei erneut ins Leben gerufen. Heute erstrahlt die dreischiffige Basilika mit ihrer im klassizistischen Stil gehaltenen Fassade und einer vorherrschend barocken Innengestaltung in neuem Glanz und lockt täglich zahlreiche Besucher an.

Anstelle von Mariastein ist eine andere Route eher geeignet, das Naturerleben im schönen Buchenwald zu bieten. Hierfür halten wir uns direkt von der Anhöhe des Heulen (Wegzeiger) nach rechts in Richtung Rodersdorf. Der Wanderweg ist zugleich Grenzlinie. Bei einigen Weggabelungen müssen wir allerdings auf die Baummarkierungen (gelbe Rautesymbole) achten. Nach ca. 1 km erreichen wir eine mit Wegzeichen versehene Gabelung. Geradeaus weist es nach Rodersdorf (Interregio-Wanderweg) und dort hat man bereits wieder Tramanschluß zurück nach Basel. Mit 6 km Gesamtwegstrecke also eine recht kurze Tour, für die man etwa 1 3/4 Std. benötigt.

Eine *erweiterte Runde* orientiert sich an diesem Wegteiler jedoch halblinks in Richtung Burg. Nach einem weiteren Kilometer immer geradeaus entlang der Kammlinie treffen wir am Waldrand auf einen breiten Feldweg. Wendet man sich hier nach links, läßt sich bequem in etwa einer Stunde über besagte Anhöhe (Heulen), danach vorbei an der kleinen Kapelle (siehe Skizze) in Richtung Mariastein bzw. zum Ausgangsort Flüh zurückwandern (ca. 2 3/4 Std.).

Große Runde

Auf dem Feldweg nach rechts geht es weiter gegen Burg. Ob wir die Tour allerdings bis zu dieser äußeren Wendemarke erweitern, will gut überlegt sein, denn dann sollte man sie als Tageswanderung planen oder sich die genauen Abfahrtszeiten besorgen (von Burg aus besteht Postbusanschluß). Nachfolgend überquert die Route beim Kartenpunkt 507 die Metzerlen und Rodersdorf verbindende Straße und setzt sich danach auf dem Geissberg entlang der Grenzline fort. Die Markierungen sind bisweilen lückenhaft, weshalb das Mitführen einer Wanderkarte ratsam ist. Kurz vor Burg gibt es eine Einkehrmöglichkeit im Gasthaus Bad Burg. Danach geht es in wenigen Minuten zum eigentlichen Ortskern. Ausdauernde Wanderer können von Burg den Rückweg auch zu

Fuß antreten. Grob skizziert verläuft die Wegstrecke am Fuße der Challhöchi sowie Brunnenberg und Blauen entlang, d.h. mehr oder weniger an der Kante zwischen Wald und Wiesenflur. Weitere Wegstationen sind Rotberg (Jugendherberge), Mariastein, Flüh, bzw. Hofstetten, Chöpfli, Flüh.

Information

- *Ausgangspunkt/-ort:* Flüh (Kanton Solothurn)
- **Zugang:** Mit Straßenbahn von Basel (Linie 10)
- **Wegstrecke:** wahlweise von kurzem Spaziergang zur Burgruine Landskron (2,5 km), mit Verlängerung bis Rodersdorf bzw. Mariastein (je 6 km). Große Tagestour (Burg/Rotberg/Mariastein/Flüh, bzw. über Hofstetten) 17 km.
- **Gehzeit:** je nach Route 1 – 2 3/4 Std. Große Tagestour über Burg 5 Std.
- **Einkehrmöglichkeit unterwegs:** Flüh: Restaurant „Zur Rose", Burg: Gasthaus Bad
- **Karte:** Schweizer Jura 1:60 000, Blatt 1, Basel-Olten, außerdem hier wie für alle folgenden Wanderungen: Landeskarte der Schweiz 1: 25 000, 1: 50 000

Schweizer Jura (östlicher Teil)

Schweizer Jura

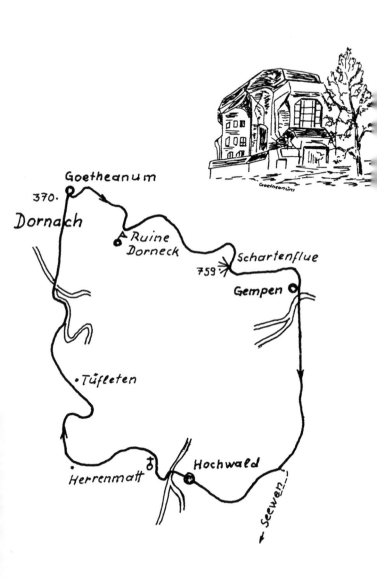

Ausflug für die Seele zwischen Dornach und Tüfleten

Gewaltig groß und in seiner Formgebung überaus eigenwillig liegt am östlichen Berghang über Dornach das Goetheanum, geistiges Zentrum der nach Rudolf Steiner begründeten Anthroposophie.

1913 erfolgte im „Drei-Länder-Eck" in Dornach der Bau dieses ersten Zentrums, das Steiner mit dem Wesen und Werk Goethes durch den Namenszug „Goetheanum" verbunden wissen wollte. 1929 wurde das jetzige Bauwerk nach Steiners Plänen fertiggestellt, nachdem das alte abgebrannt war. Das Goetheanum beherbergt heute eine Hochschule für Geisteswissenschaften.

Da nach Steiners Meinung auch die Eindrücke aus der Natur unser Denken und Fühlen beeinflussen, erklärt sich hieraus der etwas tiefsinnige Titel dieser Wanderung.

Streckenführung
Dornach (Goetheanum) – Schloß-/Burgruine Dorneck – Schartenflue (759 m) – Gempen – Hochwald – Herrenmatt – Tüfleten – Dornach

Routenbeschreibung
Wie bei der Wanderung nach Flüh (siehe Nr. 21) können wir für die Anfahrt aus dem Stadtgebiet Basel heraus auch zu dieser Tour die „Tram" benutzen. Die Routenbeschreibung beginnt jedoch oben am Goetheanum. Rechterhand an diesem vorbei führt ein kleiner Fußweg (Rüttiweg/Gempen) zur Schloßruine Dorneck. Er wendet sich oberhalb vom Goetheanum nach links, überquert die Felder und mündet wenig später in einen von Dornach heraufführenden Wanderweg ein. Weiter auf dieser gut markierten Hauptwanderroute (rot-gelbes Symbol) teils durch Wald, teils auf einem Fußweg entlang der Straße, erreichen wir schon bald die Burg-/Schloßanlage.

Im 14.Jh. Lehen und österreichischer Pfandbesitz folgte 1485 der Übergang an Solothurn und 1499 deren Belagerung im sogenannten „Schwabenkrieg". Im Vorfeld der Französischen Revolution wurde sie schließlich 1798 zerstört. Wer es bei dem kurzen Ausflug belassen will, bummelt nun wieder abwärts. Das Areal selbst, vor allem der schöne Ausblick von hier oben, machen den Besuch auf jeden Fall lohnend.

Zu einer erweiterten Runde geht es nun aber erst richtig los. Wenig oberhalb der Ruine, vorbei am Gasthof Schloßhof, wo man sich am liebsten gleich in den Biergarten setzen möchte, führt uns ein Wirtschaftsweg im Halbrund zunächst eben durch die Feldflur, nachfolgend ansteigend gegen den Wald. Auf den Wegweisern angezeigt sind neben der Schartenflue auch die Orte Gempen und Seewen (Markierung rot-gelb). Ein schöner lichtgrüner Buchenwald mit üppiger Bodenbedeckung, vor allem mit Bärlauch, läßt den nun etwas steiler werdenden Anstieg (Trittstufen) dennoch nicht allzu mühsam erscheinen. Mit 759 m erreichen wir auf der Schartenflue den höchsten Punkt der Wanderroute. Zu ihr sei insgesamt angemerkt, daß es so nahe einer Stadt nur selten eine unberührte Natur gibt, sondern meist erschlossene Kulturlandschaft. Dennoch, neben asphaltierten Wegen gibt es immer wieder ebenso schöne wie ruhige Abschnitte mit interessanten Ausblicken. Weiter geht es nun von der Schartenflue hinab nach Gempen (Einkehr Gasthaus Kreuz) und dort entlang der Hauptstraße Richtung südlichem Ortsende. Den rechts nach Dornach und Hochwald abzweigenden Verkehrsweg verlassen wir an dieser Stelle, wandern statt dessen geradeaus weiter in Richtung eines Gehöfts (Markierung: rot-gelb). Nachfolgend überschreitet man eine Bergkuppe, durchquert ein Waldstück und kommt dann zu einer Abzweigung. Geradeaus ließe sich die Runde über Seewen – Falkenflue – Herrenmatt – Dornach auf 20 km erweitern. Andernfalls halten wir uns an dieser Stelle rechts und erreichen so von der Anhöhe Nättenberg herab den Ort Hochwald. Schon von weitem sieht man am Gegenhang jenseits des Dorfes eine kleine Kapelle. Sie gilt es zu erreichen. Deshalb geht es im Ort das kleine Gäßchen Kirchrain hinab (gelbes Symbol), dann an der Post links die Dorfstraße entlang bis zum Gasthaus Kreuz und 50 m weiter rechts zwischen zwei landwirtschaftlichen Gebäuden hindurch zur besagten Kapelle Maria Hilf. Kurz danach wandern wir am Waldrand entlang (rechter Hand Campingplatz), passieren den kleinen Weiler Herrenmatt (Bergwirtschaft) und gelangen dann in den schönen Talgrund von Tüfleten. Danach hält man sich von der Waldschlucht bis an den südlichen Rand von Dornach, und dort entweder zur Tram-Station oder durch das Wohngebiet (1 km) zurück zum Ausgangspunkt Goetheanum.

Information

- ***Ausgangspunkt/-ort:*** Dornach (Goetheanum)
- **Wegstrecke:** 13 km, Tour kann beliebig auf 4 km (Schartenflue) verkürzt, bzw. über Seewen – Falkenflue auf 20 km erweitert werden.
- **Gehzeit:** 4 Std.
- **Einkehrmöglichkeit unterwegs:** Schloßhof oberhalb Ruine Dorneck, des weiteren Schartenflue, Gempen, Hochwald, Herrenmatt.
- **Karte:** Jura 1: 60 000, Blatt 1, Basel-Olten

Schweizer Jura

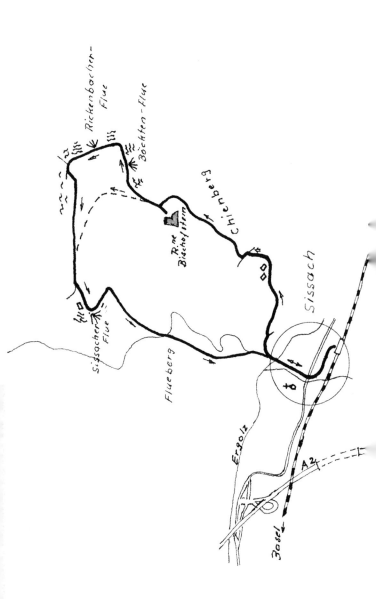

Wege zur Sissacher Flue

Von hoher Aussichtswarte gilt das Motto: „Jura in Breit-
format". Bergkette nach Bergkette reiht sich bis hin zum
Horizont. Ihre Farbpalette reicht je nach Wetterverhältnis-
sen und Entfernung von Sattgrün bis Blaßblau. Ort des
Geschehens ist die Sissacher Flue. Weithin sichtbar und
rund dreihundert Meter über dem Talgrund der Ergolz
ragt aus bewaldeter Kammlage diese markante Felsfor-
mation. Wer auf der A 2 gen Süden den Alpen zustrebt
und bei Sissach einen raschen Blick zur Seite riskiert,
sieht oben die Schweizer Fahne wehen.

Kaum dem Stadtverkehr von Basel entronnen, teilt sich
bei Augst die Autobahn. Geradeaus geht es in Richtung
Zürich (A 3), rechts ab nach Bern und Luzern (A 2). Auf
letzterer Route folgt nach 6 km ein erster Tunnel, und
kurz nach diesem liegt Sissach in einer Senke, der Ausgangsort dieser Wanderung. Durch seine verkehrsgünsti-
ge Lage hat sich das einst bescheidene Sissach im Laufe der Jahre gleichermaßen als Wohngegend wie als
bevorzugter Standort für Handel, Gewerbe, Industrie und
Transport etabliert und damit erheblich ausgeweitet.
Beschaulichkeit hält sich hier demnach in Grenzen, und
die Suche nach einem Parkplatz wird mitunter zum Problem. Deshalb mein Rat: Wenn Sie es einrichten können,
nehmen Sie für die Anfahrt zu dieser Tour die Bahn. Ein
Zweig der Region-S-Bahn (500) bedient z.B. recht häufig
die Strecke Basel SBB – Liestal – Sissach – Olten. Auf
diese bequeme Weise entspannt am Bahnhof angekommen, ist bereits von hier aus die Sissacher Flue, eines
unserer nachfolgenden Ziele, gut auszumachen.

Streckenführung
Sissach – Chienberg – Ruine Bischofstein – Böckten Flue
– Rickenbach Flue – Sissacher Flue – Sissach

Routenbeschreibung
Ehe wir das eigentliche Wanderterrain erreichen, geht es
zunächst einmal durch die Stadt. Nach links der Bahnhofstraße entlang mündet diese in die Hauptstraße. Dort
biegen wir neben dem Gasthaus Löwen in die Alte Rheinfelderstraße ein. Sie führt uns über die Ergolz, vorbei am
Bützenenweg und kurz darauf zu einem Wegweiser (Sissach Bergweg 377).

Hinweis: Ausgehend vom Bahnhof könnte bis hierher auch der Bus Linie 106 (Sissach – Wintersingen) sowohl für die Hin- wie für die Rückfahrt benutzt werden.

Auf dem Wegweiser ist bereits unser erstes Zwischenziel, die Ruine Bischofstein (1 Stunde) verzeichnet. Wir biegen in den Bergweg ein, zweigen noch in der Wohngegend an einem Brunnen links in den Kienbergweg ein und lassen schon bald die letzten Häuser, nachfolgend ein Gehöft, hinter uns. Ab der Höhenmarke 447 (Chienberg) wird es dann richtig schön. Der Teerbelag liegt hinter, schöne Pfade im Waldgelände vor uns. Nach einem ersten Aufschwung gabelt sich der Weg. Wir halten uns in den rechten Zweig und kommen zu einer Waldhütte. Ca. 30 m danach trifft man auf einen breiten Waldfahrweg und folgt diesem ein kurzes Stück nach links. Ein Wegweiser (Ruine Bischofstein, Böcktenflue) zeigt an, wo wir nach rechts in einen Pfad einbiegen müssen. Etwas schweißtreibend geht es nun bergan, und dabei überquert die Wanderroute in dichter Folge einige breite Waldwege. Wegweiser und Baummarkierungen (gelbe Raute) zeigen aber jeweils an, wo es weitergeht. Bei der Höhenmarke 685 wird die Kammlage erreicht, und unweit davon liegt linker Hand auf einem Felssporn die Ruine Bischofstein (Gehzeit 45 Min. – 1 Std.). Die kleine, restaurierte Anlage ist gleichermaßen schöner Rastplatz wie Aussichtswarte. Zur Geschichte weist eine Hinweistafel vor Ort u.a. darauf hin, daß neben einer älteren Burg der Grafen v. Homburg, die jetzige durch den Bischof von Basel in der zweiten Hälfte des 13. Jh. entstand. Danach gehen wir zunächst das kurze Stück zurück bis zur Abzweigung und folgen jetzt dem Hinweis Böckten-/Rickenbach Flue.

Abkürzungsmöglichkeit: Wer bei der Höhenmarke 700 (angezeigt) nicht weiter ansteigen will, hat hier Gelegenheit auf einer nahezu ebenen Quertrasse direkt zur Sissacher Flue (20 Min.) hinüberzuwechseln. Andernfalls steigen wir zur erweiterten Runde entlang der Kammlinie weiter aufwärts und sind bald bei der Böckten Flue (Rastplatz, Aussichtspunkt). Mit 740 m.ü.M. ist an dieser Stelle der höchste Punkt der Tour erreicht. Danach verfolgt die markierte Route noch ein Stück die östliche Richtung, biegt dann aber nach Norden ab. Mit diesem Richtungsschwenk verbunden ist ein völlig neues Sichtfeld auf die eher bäuerliche Landschaftsstruktur um den Ort Rickenbach. Das Hochplateau, auf dem wir uns bewegen, hat die Form eines Karrees, und so schwenkt der markierte Pfad schon bald nach der Rickenbach Flue gegen Westen ein. An dieser Stelle rückt er auch von der Abbruchkante etwas ab, führt nachfolgend durch eine kleine Senke und steigt dann über einen Wiesenhang zur Sissacher Flue wieder an. Ob Einkehr im Bergrestaurant (Do. Ruhetag) oder auf dem eingangs beschriebenen, besonders an Wochenenden gut besuchten Aussichtsbalkon: schön ist es hier in jedem Fall.

Nach ausgiebiger Rast befindet sich der Zugang zum Abstiegspfad nach Sissach (50 Min.) auf der linken Seite der Aussichtskanzel. Anfänglich noch im Wald-, später im offenen Wiesengelände, berührt die Rückroute nachfolgend kurz die Fahrstraße. Bei einer weiteren Annäherung biegt der Wanderweg aber kurz davor links ab. Geht man hingegen die 20 m weiter zur Straße, so könnte man von hier, der Bus-Haltestelle Voregg aus, zum Bahnhof Sissach den Bus benutzen. Die markierte Wanderroute (gelbe Raute) hingegen bewegt sich gegen Ende auf der Trasse der Alten Rheinfelderstraße, und über dieses schmale Teersträßchen gelangt man wieder zum Ausgangsort.

Information

- **Ausgangspunkt/-ort:** Sissach (Station der Regio-S-Bahn Basel SBB – Olten)
- **Wegstrecke:** 9,5 km (mit Abkürzungsmöglichkeit, siehe Text)
- **Gehzeit:** 3 Stunden
- **Einkehrmöglichkeit unterwegs:** Bergrestaurant an der Sissacher Flue (Do. Ruhetag), Sissach: Gasthaus „Löwen"
- **Karte:** Schweizer Jura 1: 60 000, Blatt 1, Basel – Olten

Schweizer Jura

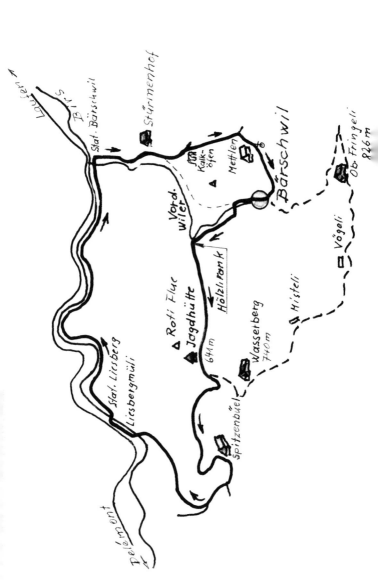

Zwischen Talgrund und Juraflühen im schönen Birstal

Gesteinsformationen, ob Magma, Sediment oder Metamorph geben, gleich einem geologischen Lehrbuch, Auskunft über die Entstehungsgeschichte unseres Planeten. Besonders aufschlußreich erweisen sich dabei die des Erdmittelalters (Mesozoikum), in dem auch die unsere Phantasie beflügelnden Saurier rund 150 Millionen Jahre lang zuhause waren. Wo einst weite Teile Europas von Meer überflutet waren, haben sich mächtige Schlammschichten abgelagert, in die Überreste von Tieren und Pflanzen eingebettet sind. Die ursprünglich weichen Ablagerungen verfestigten sich im Laufe von Millionen Jahren zu Sedimentgestein. Nach Zurückweichen des Wassers sowie Hebung und Faltenwurf der Erdkruste bieten sie sich uns heutzutage, wie z.B. im Schweizer Jura, in Gestalt langgezogener Bergketten und plateauartiger Landschaftsformen dar. Charakteristisch für die Juralandschaft sind vor allem ihre steil aufragenden Felsformationen, die Flühen. Für Geologen besonders informativ erweisen sich sogenannte Leitfossilformationen: Schichten, in denen kurzlebige Lebensformen horizontal verbreitet eingebettet sind, sich vertikal dagegen auf bestimmte Zonen beschränken. Daraus lassen sich u.a. Verwerfungsprozesse und zeitliche wie klimatische Aufschlüsse ableiten.

Längst nicht nur von Interesse für Spezialisten ist das Aufspüren, Sammeln und Interpretieren versteinerter Lebensformen (Fossilien). Mit etwas Glück und Aufmerksamkeit lassen sich nahezu überall wo Sandstein, Schiefer, vor allem aber Kalkgestein zutage treten, solche Zeugnisse der Vorzeit wie Muscheln, Schnecken, Seeigel, Korallenstücke, Pflanzenreste wie Farnblätter oder Seelilienreste finden. Oder aber man begnügt sich damit, die mancherorts dargebotene Information geologisch bedeutsamer Gebiete zu nutzen.

„Entdecken Sie die Geologie auf einer attraktiven Wanderung im Solothurner Jura!" so die Werbung auf einem Faltblatt der Gemeinde Bärschwil, einem kleinen in die Juraberge eingebetteten Ort nahe Laufen im Birstal. Fünfzehn Stationen mit entsprechenden Schautafeln bietet dieser Weg (siehe Skizze). Nach Erreichen der oberen Höhenmarke zwischen 700 und 800 m (Wasserberg, Misteli, Vögeli, Ober-Fringel) erwartet uns leider keine besonders wanderfreundliche Wegtrasse, gefolgt von einem recht steilen Abstieg. Dies ließ mich zu einer anderen als der dargebotenen Routenführung kommen: eine, die den schönsten Abschnitt (Stationen 12 – 14) des Geologischen Weges berührt, danach aber eine andere Route nimmt. Streckenführung: Bärschwil Station (Bahn) – Stürmenhof – Mettlenhof – Bärschwil Ort – Hölzlirank (Vorder Wiler) – Bärschwil Jagdhütte (Rastplatz) – Spitzenbüel – Liesbergmüli – Station Liesberg – Bärschwil Station

Routenführung

Fluß, Straße, Bahnlinie, Wander- und Radwege teilen sich zwischen Aesch und Delémont den mitunter engen Talgrund. Von Basel kommend, etwa drei Kilometer nach dem kleinen Städtchen Laufen, ist linker Hand Bärschwil angezeigt. Über die, das Flüßchen Birs überspannende Bogenbrücke erreicht man die Bahnstation Bärschwil. Als Haltestation aufgegeben, wird der Personennahverkehr inzwischen mit Postbussen abgewickelt. Hier am Ausgangspunkt der Wanderung findet sich als Nr. 14 die erste geologische Hinweistafel.

Auf der Südseite des nebenliegenden Fabrikgeländes halten wir uns wenige Meter gegen Laufen, biegen dann aber sogleich rechts (blauer Pfeilhinweis/Geologischer Wanderweg) in Richtung Stürmenhof ab. Die Laufrichtung ist damit quasi entgegengesetzt dem Geologischen Wanderweg, was uns jedoch nicht weiter irritieren soll. Auf angenehmer, gegenüber der Fahrstraße erhöhter Wegtrasse erreicht man im Waldgelände zunächst einen kleinen Wasserfall (Info-Tafel Nr. 13), nachfolgend die Freifläche um den Stürmenhof. Vor dem Anwesen geht es rechts auf dem Landwirtschaftsweg weiter.

Ein rechts gegen Wiler abzweigender Pfad mit blauem Pfeilhinweis bleibt dabei unberührt. Weiter geradeaus auf dem breiten Weg kommen wir als nächstes zu einer Wegteilung, halten uns entlang dem Wanderwegzeichen (gelbe Raute) links aufwärts. Wir gelangen dann zu einer Stelle, an der der blaue Pfeil des Geologischen Weges sich nach rechts, wir uns hingegen in Richtung eines roten Pfeils orientieren. Dieser weist uns zu den ehemaligen Kalköfen Stritteren. Wir verlassen dort den geologischen Weg, setzten gleich oberhalb der Kalköfen die Wanderung in südöstlicher Richtung fort. Nachfolgend passiert man das Gebäude einer Schießanlage, hält sich bei einer

Abzweigung im freien Wiesengrund rechts über eine Bachbrücke und wandert dann aufwärts zum Mettlenhof.

Von dort zur nahegelegenen Kapelle und weiter bis Bärschwil sind wir jetzt wieder auf dem Geologischen Wanderweg. Innerorts muß man etwas aufpassen. Vom Oberdorf zunächst entlang der Hauptachse in den Ortskern, geht es unmittelbar bei der Post rechts ab und vor dem Gasthaus Himmel wieder links zum Gebäude der Gemeindeverwaltung. An der nebenliegenden Autogarage Huber vorbei bis zur Mariengrotte, dort nach links (Pfad) über den Bach, trifft man auf der anderen Seite auf die Fahrstraße. Ca. 500 m an dieser entlang abwärts bis an den Rand von Vorder-Wiler liegt am „Hölzlirank" (Bushaltestelle) die Stationsnummer 1 des Geologischen Wanderweges. Die Orientierung fällt nun leicht, denn von hier bis hinauf zur Bärschwiler Jagdhütte (30 Minuten), unmittelbar unterhalb der Roti Flue, ist es nur ein unbeschwertes Ausschreiten. Und wer im Mai/Juni hier wandert, wird auf diesen kalkhaltigen Böden auch einiges an botanischen Besonderheiten zu sehen bekommen. Rotes und Bleiches Waldvögelein, Grünliche Waldhyazinthe, Spitzorchis, Akelei, Türkenbund, Glockenblume oder Hirschzunge, um nur einiges zu nennen. Nach dem schönen Rastplatz mit Brunnen und Feuerstelle steigt man noch etwas an, weicht aber bald darauf vom Geologischen Wanderweg (dieser führt weiter aufwärts gegen Wasserberg) rechts ab. Über Spitzenbüel, nachfolgend durchs Bannholz erreichen wir bei der Liesbergmüli und Station Liesberg wieder die Talsohle und bummeln dort dem Wanderzeichen folgend an der Birs entlang zurück zum Ausgangspunkt.

Information

- ***Ausgangspunkt/-ort:*** Station Bärschwil
- **Wegstrecke:** 15 km
- **Gehzeit:** 4 Std.
- **Karte:** Schweizer Jura 1: 60 000 Blatt 2, Delémont – Porrentruy – Bienne – Soleure.
- **Hinweis** zu „Geologischer Wanderweg Bärschwil": bestehend aus 15 Stationen + Kalköfen Stritteren, beginnend „Hölzlirank" (Busstation) Vorder Wiler. Gesamtlänge ca. 13 km/3 1/2 Std.

Schweizer Jura

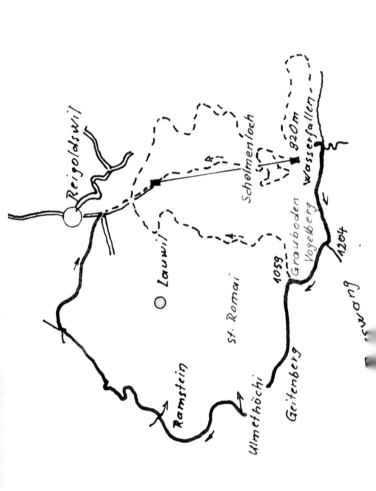

Die „Wasserfallen"

Die Wanderung basiert auf einem Gespräch mit Max Schneider in Liestal bei Basel. Er entwirft, gestaltet und malt Landschaftspanoramen seiner näheren Heimat, des Schweizer Jura. Diese, zum Teil in großformatiger Breitwanddimension, sind von besonderer Aussagekraft und geben seine ganz besondere Sichtweise wieder. Als ich ihn darauf anspreche, meint er: „Um die Schönheit und den wahren Charakter einer Landschaft zu begreifen, muß man nur schauen, bisweilen sogar die Augen schließen, um damit ihre Merkmale in sich aufzunehmen". Im weiteren Gespräch schildert er sehr plastisch und eindrucksvoll, wie zur Herbstzeit der Nebel aus dem Aaretal oben über den Bergkamm quillt, sich nach Norden ins „Baselbiet" hin ausbreitet. Eines der Blätter übrigens, die er mir in seinem Atelier vorlegt, zeigt die sogenannten „Wasserfallen". Pittoreske Landschaft nennt dies Karl Martin Tanner in seinem Vorwort zu einer Kunstmappe mit Landschaftsszenerien Max Schneiders und fährt fort: „Schon der Name sagt viel: Wasserfalle, Stelle, wo die Quellbäche der Hinteren Frenke über harte Felsbänder in die Tiefe stürzen, je nach Jahreszeit, Wassermenge und Witterung immer neue Bilder erzeugen, gleichzeitig Bewegung und Konstanz – Werden, Sein und Vergehen – symbolisieren."

Streckenführung (Drei-Stundentour)
Reigoldswil – Bergstation Gondelbahn (920 m) – Hintere Wasserfallen (Punkt 1013) – Passwang (Vogelberg – Jägerlucke – Grauboden – Ulmethöchi – St. Romai – Lauwil – Reigoldswil (wahlweise ab Ulmethöchi weiter zur Ruine Ramstein)

Routenbeschreibung
Von Liestal über Bubendorf, Ziefen geht es zum langgestreckten Ort Reigoldswil. Das Dorf bietet keine nennenswerten Höhepunkte, doch was sich dahinter aufbaut, ist gewaltig. Von Reigoldswil schwebt man mit der Gondelbahn über das „Schelmenloch" hinweg zur 920 m hohen Bergstation. Von hier aus eröffnen sich zahlreiche Tourenmöglichkeiten, vom kleinen Spaziergang bis zur großen Tageswanderung.

Kurztour: Sie führt von der Bergstation über die Hintere Wasserfallen aufs Chellenchöpfli (3/4 Std.). Man kann von dieser Aussichtsterrasse vor allem schauen und genießen. Während unwichtige Details immer mehr zurücktreten, bilden sich die markanten Konturen des Kettenjura heraus mit seinen langgestreckten Horizontallinien, gerundeten Bergkuppen, markanten Waldinseln und vor allem den für den Schweizer Jura so typischen, jäh abstürzenden Flühen.

Weitere Tourenmöglichkeiten führen von der Bergstation über das Jägerwegli hinab zum Schelmenloch. Übers Chilchli kehren wir wieder zurück zur Talstation (1 Std.).

Ebenfalls mit Start an der Bergstation orientiert sich eine andere Wanderroute über Titteren – Ruine Rifenstein – nach Reigoldswil.

Nachfolgend näher beschrieben wird eine etwas erweiterte, nach Westen ausholende *Drei-Stundentour*: Wir halten uns von der Bergstation zunächst zum Punkt 1013 der Hinteren Wasserfallen. Weiter bergan geht es in Richtung Passwang, wo wir bei der 1200-Metermarke unsere größte Höhenmarke erreicht haben. Wir ändern hier unsere Wanderrichtung und schwenken nun nach Süden ein. Der Vogelberg (1107 m), Jägerlucke (1128 m), Grauboden (1059) und die Ulmethöchi (973) sind die folgenden Wegstationen. Hier müssen wir uns entscheiden. Wollen wir es bei drei Stunden Gehzeit belassen, steigen wir ab und gelangen über St. Romai – Lauwil wieder zurück nach Reigoldswil.

Etwas weiter ausholend geht es von der Ulmethöchi zur Ruine Ramstein. Danach folgen wir noch ca. 2 km der Route in Richtung Liestal (siehe Skizze) und steigen dann nach rechts gegen Reigoldswil ab.

Information

- **_Ausgangspunkt/-ort:_** Reigoldswil mit öffentlichen Verkehrsmitteln zu erreichen: Bus-Linie über Augst – Liestal – Reigoldswil. Auffahrt mit Wasserfallenbahn auf 920 m
- **Wegstrecke:** diverse Wahlmöglichkeiten u.a. 9 km (Drei-Stundentour)
- **Gehzeit:** wahlweise 1 1/2 – 3 Std.
- **Einkehrmöglichkeit unterwegs:** Berggasthaus „Wasserfallenhof", Bergrestaurant „Hintere Wassserfallen", Bergwirtschaft „Vogelberg"
- **Karte:** Schweizer Jura 1: 60 000 Blatt 1, Basel – Olten.

Schweizer Jura

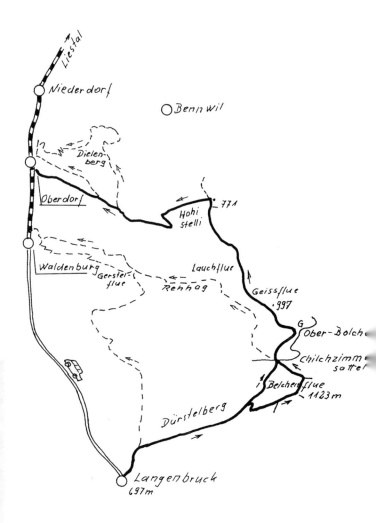

Ins „Legoland" mit der Waldenburgerbahn

Aus der Vogelperspektive betrachtet erinnert die Schweiz bisweilen an ein Legoland. In dichter Folge aneinandergereiht sind Berge, Seen, schmucke Dörfer und Städtchen, Almen, Wiesen und Felder. Bunte Bausteine, voll von imposanten, rasch wechselnden Eindrücken. Dazwischen verbinden Eisenbahnen, rot bemalt wie Klatschmohn, Postbusse so gelb wie das der Trollblume einen schönen Ort mit dem anderen. So wie als Vorbild für eine Modelleisenbahn winden sich Schienenstrecken durch Talniederungen, schlängeln sich an Berghängen entlang, verschwinden in Tunnels oder überwinden auf grazil gestalteten Viadukten tiefe Schluchten. Das dazwischen liegende Terrain bedienen die gelben „Matchboxbusse". Deren Aktionsradius reicht vom flachen Land über einsame Seitentäler bis hin zu kühn erbauten Serpentinenstrecken, auf denen sie Alpenpässe überwinden.

Die Realität ist nicht minder vielfältig. Wie ein fein gesponnenes Netz überziehen Bahn- und Buslinien das ganze Land. Von den Bürgern wird es als ganz natürlich empfunden, daß die einbezahlten Steuern nicht nur für staatliche Infrastruktur wie Energie, Rüstung, Straßenbau oder Soziales ausgegeben werden, sondern auch für ein leistungsfähiges Personentransportsystem – zeichnet sich doch im täglichen Erleben auf unseren Straßen ab, daß es mit dem Individualverkehr eines nicht zu fernen Tages ein Ende nehmen wird. Ob das Angebot von Bus und Bahn Anklang findet, hängt zum einen vom guten Service und gekonnter Werbung ab, nicht zuletzt aber auch vom sozial gestalteten Preisgefüge, was hier u.a. günstige Familientarife oder Halbpreisabos beinhaltet. Bahn- und Postschalter verkaufen zudem nicht nur Fahrkarten, sondern halten oft auch Wandervorschläge bereit.

Streckenführung
Langenbruck – Dürstel – Bergrestaurant Gwidem – Belchenflue (1123) – Chilchzimmersattel – Berghaus Ober-Belchen – Geissflue – Reien (Karten-/Höhenmarke 771) – Oberdorf

Routenbeschreibung
Nicht weit von Basel und von dort bequem mit der Regio-S-Bahn zu erreichen, liegt das kleine Städtchen Liestal. Hier steigen wir um auf die Waldenburgerbahn, eine klei-

ne Schmalspurbahn, die genau den Klischeevorstellungen von Legoland und Modelleisenbahn entspricht. An der Endstation Waldenburg angekommen, wartet schon der Anschlußbus in Richtung Balsthal. Bis Langenbruck bringt er uns nicht nur dem Ziel ein Stück näher, sondern läßt uns auch noch etwas an Höhe gewinnen.

An der Post gegenüber der Kirche, am Gasthaus Kreuz vorbei, nehmen wir die Wegmarkierung auf, die uns über Dürstel in 1 1/4 – 1 1/2 Stunden zur Belchenflue oder „Bölchenflue", wie diese bisweilen auch genannt wird, leitet. Zunächst geht es die Schöntalstraße entlang, dann über die den Dürstelbach überspannende Brücke, danach schwingt sich steil der anfangs noch asphaltierte Weg den Wiesenhang hinauf. Die Aussicht zurück auf Langenbruck, auf die bewaldeten, den Ort einrahmenden Juraberge ist lohnend. Wer übrigens nicht bis auf die 1123 m hohe Belchenflue ansteigen möchte, hat schon bald Gelegenheit, direkt zum Chilchzimmersattel überzuwechseln.

Andernfalls gibt man zwar nahe dem Gehöft Dürstel wieder etwas Höhe auf, setzt danach aber, vorbei am Bergrestaurant Gwidem, den Aufstieg bis zu einer markanten Einsattelung (Wegweiser) fort. Linkerhand führt uns ein aus Eichenbohlen gefertigter Steig auf eine höher gelegene Trasse und von dort in einem letzten Anlauf auf den felsigen Aussichtsstand der Belchenflue (1123 m). Weit schweift von hier der Blick über die langgestreckten Jurakämme. Nach Osten ist es der Ifleter Berg, im Westen Passwang, die Roggenflue und über Balsthal hinweg der Schattenberg. In die Tiefe schauend sehen wir nahe dem Ort Epting, die in den Belchentunnel einfahrenden Autos, deren Fahrer kaum ahnen dürften, welch herrliche Aussicht sich 500 m über ihnen bietet.

Rückweg: Auf dem zwischen Autobahn zur Rechten und dem Waldenburgertal sich nach Norden erstreckenden Bergkamm verläuft unsere weitere Wanderroute. Die Wegstrecke nach Liestal wäre zwar lang (4-5 Std.), doch in einer groß angelegten Tagestour könnte man durchaus bis zum Ausgangsort zurückwandern. Ideal an dieser Strecke ist jedoch, daß sie sich beliebig abkürzen läßt. An vielen Stellen braucht man lediglich nach links abzubiegen und ist sehr bald wieder an einem der Zustiegsorte der Waldenburgerbahn (Oberdorf, Niederdorf, Hölstein, Bubendorf). Zunächst einmal geht es aber vom Gipfel abwärts zum Chilchzimmersattel (Fahrstraße). In diesem Bereich gäbe es zum einen die Möglichkeit, über den Dürstelberg nach Langenbruck bzw. über den Rehberg, Gerstelflue nach Waldenburg zu gelangen. Eine dritte Möglichkeit schließt die Einkehr im Berghaus Ober-Belchen ein. Hierzu halten wir uns vom Chilchzimmersattel rechts abwärts und sind schon bald in der Senke angelangt. Für den Weiterweg führt gleich neben dem Gasthaus ein Pfad durch die Wiesen und quert im anschließenden Waldstück unterhalb der felsigen Bastion die Geissflue. Das folgende Gehöft wird links umgangen, und abwechselnd durch Wald und Wiesenflur geht es zum „Reien" (Karten-/Höhenmarke 771). Den interessantesten Teil des von der Belchenflue nach Norden weisenden Bergkammes haben wir damit begangen. Ohne etwas zu verpassen, können wir nun getrost nach Westen in Richtung Oberdorf absteigen. Und dort haben wir wieder Zugang zur schönen Waldenburgerbahn.

Information

- **Ausgangspunkt/-ort:** Langenbruck, Anfahrt von Liestal bis Waldenburg (Schmalspurbahn), Waldenburg – Langenbruck (Postbus)
- **Wegstrecke:** 13 km (Abkürzungsmöglichkeiten u.a. unter Umgehung der Belchenflue (s. Text) bzw. Direktabstieg Belchenflue – Waldenburg)
- **Gehzeit:** 3 1/2 Stunden
- **Einkehrmöglichkeit unterwegs:** Bergrestaurant Gwidem, Berghaus Ober-Belchen
- **Karte:** Schweizer Jura 1: 60 000, Blatt 1, Basel – Olten

Schweizer Jura

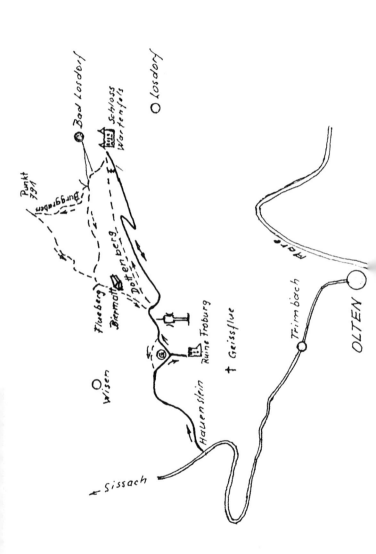

Zum Schloß Wartenfels

Auf meine Frage, wo sie herkomme, meint sie nur lachend: „Aus dem Nebelloch" und deutet in Richtung Olten. Gemeint ist weniger die Stadt als das Aaretal, und wer den Verlauf des Flußes ein wenig verfolgt oder die Situation über viele Tage des Jahres selbst miterlebt, weiß, daß es sich von Koblenz über Brugg – Arau – Olten – Solothurn bis hin zum Bielersee über Wochen ganz schön einnebeln kann. Dies geschieht vor allem bei stabiler Hochdrucklage im Herbst und Frühjahr. Um der Tristesse zu entfliehen, hilft dann nur noch, sich in der Freizeit so rasch wie möglich per Auto, Bahn oder Bus auf eine der nahegelegenen Jurahöhen zu retten. Dem Bus der Linie 6 von Olten nach Wisen entstiegen denn auch an meinem Erkundungstag oben in Hauenstein eine große Zahl von Wanderern, um sich dort von komfortablen 674 m aus im milden herbstlichen Sonnenlicht auf den Weg zu machen. Die einen zog es nach Südwesten gegen den Ifleter Berg, die anderen, so auch mich, zur Gegenseite. Und dort erwartete mich unverhofft eine Überraschung, auf die ich im Verlauf der Routenbeschreibung noch zu sprechen kommen werde.

Doch zunächst noch eine Anmerkung zur Anfahrt: Von Basel kommend durchquert man den Jura gewöhnlich auf der Autobahn, d.h. man unterquert die höchste Schwelle durch den mehr als 3 km langen Belchentunnel. Neben einigen anderen Möglichkeiten, u.a. über Passwang oder durchs Liestal, gibt es noch einen Paßübergang weiter östlich. Hierzu verläßt man bereits bei Sissach die N 2 und gelangt über Rümlingen – Läufelfingen nach Hauenstein. Sieht man dort von den Gaststätten ab, besteht unser Ausgangsort nur aus einigen Häusern.

Streckenführung
Hauenstein – Froburg – Dottenberg – Schloß Wartenfels – Birmatt – Hauenstein

Routenbeschreibung
Nahe dem Gasthaus Löwen und unmittelbar an der Bushaltestelle in Hauenstein weist uns ein Wegzeiger mit Zeitangabe auf Froburg (45 Minuten) und das Schloß Wartenfels (1:40 Std.).

Ein weiterer Hinweis bezieht sich auf den Europäischen Fernwanderweg Balaton – Jura – Pyrénées, dessen Streckke hier vorbeiführt.

Ca. 100 m der Straße entlang nach Norden biegen wir rechts in die geteerte Nebenstraße (Zufahrt nach Froburg) ein. In der Steigung setzt sich der Wanderweg rechts davon ab. Nach 20 m bei einer Weggabelung halten wir uns links. Im Wald verläßt die Wanderroute (Markierung: Höhenweg/rot-gelbe Pfeilhinweise) den breiten Weg, orientiert sich links steiler werdend aufwärts, berührt nachfolgend die Randlage zweier Wiesenstücke und trifft danach wieder auf besagte Zufahrtsstraße. Die Sicht auf die umliegenden Juraberge wird nun freier, und wir haben zur Rechten den Blick zu zwei besonders markanten unter ihnen. Der eine trägt die Ruine Froburg, der nebenliegende (Geissflue) ein Gipfelkreuz.

Entlang dem asphaltierten Sträßchen gelangen wir zunächst in eine Senke. Hier hält sich der Höhenweg geradeaus und umgeht damit Froburg. Zum Besuch der Burgruine (es lohnt sich!) folgt man aber vorteilhaft dem Fahrweg. Damit haben wir noch vor dem Gasthaus/Hotel Froburg die Möglichkeit, nach rechts zu ihr hinüber zu wechseln. Die Burgruine Froburg selbst ist recht weiträumig und bietet vor allem herrliche Ausblicke auf die umliegende Landschaft. Im 9. Jh. gegründet, war sie dereinst Stammsitz der Grafen von Froburg, wurde aber um 1320 bereits verlassen und verfiel allmählich. Die Zuordnung der einzelnen Bauteile ist vor Ort erklärt. Die nahegelegene Geissflue lassen wir unberührt, halten uns nun statt dessen hinüber zum Gasthaus/Hotel (Einkehrmöglichkeit). Zurück nach Hauenstein ließe sich die Gesamtgehzeit damit auf etwa 1 1/2 Stunden begrenzen.

Eine erweiterte Tour (3 1/2 – 4 1/2 Std.) bezieht u.a. Schloß Wartenfels mit ein. Dabei trifft man oberhalb vom Hotel/Restaurant wieder auf die als Höhenweg ausgewiesene Route. Auf breitem Weg geht es zunächst in der Bergweide aufwärts. Der Fernmeldeturm bleibt rechter Hand unberührt. Oben am Waldrand zweigt der Weg in Richtung Wartenfels rechts ab. Am Ende eines langgestrecken Bergrückens (Dottenberg) liegt unser Ziel, Schloß Wartenfels. Zwei Wegführungen dorthin sind möglich. Die einfachere orientiert sich entlang der Wanderzeichen. Eine andere interessante Variante (ohne Markierung) sei eher den Geübten bzw. sportlich Ambitionierten empfohlen (z.T. Schrofengelände). Der Zugang: Kaum vom Höhenweg nach rechts abgewichen, sieht man auf der rechten Seite am Waldrand eine fest installierte Feuerstelle. Auf deren Höhe, jedoch zur linken Seite hin, schlängelt sich eine unmarkierte Pfadspur im Buchenwald nach oben und setzt sich entlang der Kammlinie in nordöstlicher Richtung fort (siehe Skizze). Dabei öffnen sich uns immer wieder beeindruckende Tiefblicke, denn der Dottenberg fällt zur Nordseite hin senkrecht ab. Zunächst verläuft der Pfad direkt auf der Gratschneide, später dicht darunter. Gegen Ende, d.h. dort, wo sich der Bergrücken allmählich absenkt, gilt es folgendes zu beachten (Schlüsselstelle): Wir stoßen hier auf zwei nicht sehr ausgeprägte, doch deutlich auszumachende Querrillen, d.h. hier wurde direkt auf dem Grat, evtl. im Rahmen einer militärischen Übung, etwas Gestein herausgebrochen. Nach dem zweiten Ausbruch weicht der Pfad vom Grat ab und setzt sich nachfolgend ca. 10 m unterhalb im Berghang fort. Es folgt eine Stelle, wo sich der Pfad teilt. Rechts abwärts geht es in Serpentinen auf den Hauptwanderweg. Nimmt man hingegen den linken Zweig, nähert man sich zunächst wieder etwas dem Grat und erreicht nachfolgend ein verschlossenes Gartentor. An dieser Stelle wenden wir uns nach rechts und treten nach wenigen Metern unvermittelt durch eine Heckenlücke ins Freie. Auch mich hat dieser abrupte Übergang vom Wald in eine Parklandschaft überrascht. Unter uns das Gärtnerhaus, umgeben von einem herrlichen Garten, links daneben in bemerkenswerter Lage hoch über dem Aaretal das Schloß (Öffnungszeiten siehe Info). Wäre da nicht der Kühlturm vom Kernkraftwerk Olten mit seiner Wasserdampffahne, wäre die Idylle ungetrübt.

Für den Rückweg ließe sich zum einen der Normalweg (siehe Skizze) benutzen. Doch es gibt (geringfügig weiter) nördlich vom Dottenberg einige weitere Möglichkeiten. Unmittelbar links neben dem schmiedeeisernen Eingang zum Schloß befindet sich eine Pforte. Durch sie führt der Wanderweg in Richtung Bad Lostorf. Nach der Pforte geht es durch einen überdachten Schuppen, und man gelangt auf die Nordseite des Schlosses. Ein breiter Weg führt uns zunächst hinab in eine Senke. Nach rechts geht es zum Schwandenbach bzw. zum Gehöft Ziegelacker. Hält man sich hingegen direkt in der Wegkehre zwischen

Rastbank und Feuerstelle etwas aufwärts (unmarkierte Pfadspur), trifft man wenige Meter oberhalb auf einen breiten Querweg. Auf ihm gehen wir links weiter bis zu einer mit Wegzeiger markierten Abzweigung. Von dieser Stelle aus ließe sich die Runde gegen Norden noch erweitern (Gross Chastel/Burggraben/P 791). Zu den Resten der römischen Warte sei gesagt, daß wir dergleichen auch unmittelbar am Rhein zwischen Augst und Laufenburg vorfinden. Wie aus der Überlieferung bekannt, suchten die Römer ihre eroberten Grenzgebiete durch ein tief gestaffeltes Verteidigungssystem zu sichern. Von solchen Türmen aus konnten sie sich untereinander mittels Signalen über weite Entfernungen verständigen, um bei Gefahr ihre Truppen zu alarmieren.

Von besagter Abzweigung aus führt jedoch auch ein Direktweg in Richtung Hauenstein (angezeigt). Er hält sich geradeaus im Talgrund weiter, passiert zunächst das Lostorfer Wasserreservoir und gewinnt danach im schattenspendenden Wald allmählich an Höhe. Vom breiten Waldweg setzt sich der Wanderpfad rechts aufwärts ab und trifft oben in der Weidefläche auf einen Querweg. Damit sind wir wieder auf der als Höhenweg ausgewiesenen Route. Noch ehe wir links die Birmattalm erreichen, bestünde eine Abkürzungsmöglichkeit nach Wisen (Busanschluß). Andernfalls geht es rechts am Gehöft vorbei, danach über den breiten Berghang aufwärts. Haben wir erst die Geländeschwelle erklommen, schließt sich schon bald der Kreis. Vor uns sind bereits wieder die Antennen des Fernmeldeturms zu sehen. Zu den Gebäuden um Froburg brauchen wir aber nicht mehr abzusteigen, denn der Höhenweg leitet rechts an der Bergkuppe vorbei. Mittlerweile sind die Narben sicher verheilt, aber im Millenniumsjahr 2000 sah es hier aus, als wolle die Schweiz den Jura einebnen. Hügelauf-hügelab waren hier wegen des Baus der Ferngasleitung Basel – Zürich gewaltige Erdbewegungen im Gange. Die dichte Bebauung in der rheinnahen Ebene und das eidgenössische Bodenrecht ließen wohl keine andere Trassenführung zu.

Gegen Ende haben wir dann die Wahl, entweder in das vom Hinweg bekannte Waldstück links einzubiegen, um dort der markierten Wanderroute zu folgen, oder wir halten uns das letzte Wegstück entlang der Fahrstraße abwärts nach Hauenstein.

- ***Ausgangspunkt/-ort:*** Hauensteinpaß/
  Hauenstein
- **Zu-/Abgang:** u.a. Städtebahn Basel – Olten,
  Busanschluß Hauenstein
- **Wegstrecke:** 5 – 14 km (je nach Routenwahl)
- **Gehzeit:** 1 1/2 – 4 1/2 Std. (je nach Routenwahl)
- **Einkehrmöglichkeit unterwegs:** Gasthaus
  Froburg (So. ab 19 Uhr und Mo. geschlossen),
  Gasthaus „Löwen"
- **Karte:** Schweizer Jura 1: 60 000, Blatt 1,
  Basel – Olten
- **Sonstiges:** Wartenfels. Schloß und Garten-
  besichtigung zwischen Mai und Oktober jeweils
  So. 11-17 Uhr. Außerhalb nach Absprache.

Schweizer Jura

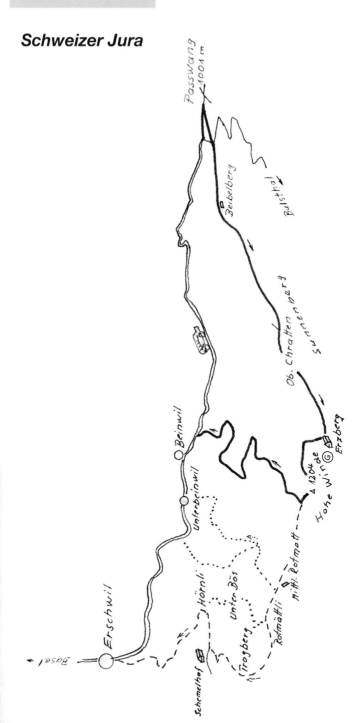

Auf den Aussichtsberg Hohe Winde

Es mangelt an nichts, was die Plateaus und Kalksteinrie-
gel des Jura als herrliches Wanderland auszeichnet. Von
klaren Bächen durchzogene Taleinschnitte, mittelalterlich
geprägte Städtchen und Dörfer, Burgen und Fachwerk-
häuser sind hier ebenso anzutreffen wie in langgezogener Kette aufgereiht, von Wald und Weiden durchsetzte
Bergkuppen und Höhenzüge. Und überall findet man
jene felsigen Steilabbrüche, hier „Fluen" genannt, die in
der Schwäbischen Alb ihre deutsche Fortsetzung finden,
und durch die sich der Jura von seinen beiden nördlichen
Nachbarn Schwarzwald und Vogesen unterscheidet.
Auch seine Höhenlage von durchschnittlich 1000 m ü.M.,
über die sich der Hochjura über weite Strecken hinzieht,
kann sich sehen lassen. Einige markante Gipfel wie der
1607 m hohe Chasseral, die Hasenmatt mit 1445 m oder
der Weissenstein (1284 m) heben sich deutlich ab. Was
liegt demnach näher, als einem der herrlichen Aussichts-
berge, in diesem Falle der Hohen Winde (1204 m), unsere Wanderreferenz zu erweisen.

Streckenführung
Passwang – Beibelberg – Ober Chratten – Bergwirtschaft
Erzberg – Hohe Winde – Beinwil (Kloster), bzw. Unter-
beinwil.
Verlängerte Rückroute über Rotmättli – Trogberg – Sche-
melhof – Hörnli – Erschwil.

Routenbeschreibung
Von Norden das Birstal entlang, ab Zwingen in das der
Lüssel einbiegen, ließe sich die Hohe Winde von Erschwil
oder Beinwil aus ersteigen. Bequemer und kräftescho-
nender aber, als von dort rund 700 Höhenmeter ansteigen zu müssen ist, die Fahrt mit dem Postbus die Passwangstraße hinauf und dort die Tour auf bereits komfortablen 1000 Metern zu beginnen. Auf der Südseite der
Tunnelöffnung führt die Straße übrigens hinab ins Bals-
bzw. Aaretal. Wir aber halten uns unmittelbar vor der
mächtigen Felswand links aufwärts. Nach wenigen Minuten erreichen wir den ehemaligen Paßübergang, den man
vor dem Bau des Tunnels benutzte. Hier wenden wir uns
nach rechts, d.h. entlang der Kammlinie in südwestlicher
Richtung (Markierung: rot-gelb). Noch mangelt es an
Fernsicht, aber dafür ist hier der Weg breit und bequem
und stellt keine Anforderung an unser Orientierungsver-

mögen. Eine halbe Stunde sind wir bis zum Beibelberg und dem Hof Goris unterwegs. Bis zur Hohen Winde liegen noch ca. 1:40 Std. vor uns. Bei der Höhenmarke 903 m weicht man von der Kammlinie etwas rechts ab. Nach kurzer Waldpassage bergan erreicht man die von einzelnen Baumgruppen durchzogene Hochweide um Ober Chratten. Die Sicht wird freier, und mehr und mehr treten nun die markanten Konturen der Juraketten hervor. Den Blick gegen die Hohe Winde gerichtet, ist davor bereits die Bergwirtschaft Erzberg auszumachen. Wir erreichen sie nach etwa 2 Stunden Gesamtgehzeit. Von dort geht es rechterhand den Wiesenhang hinauf zum Waldrand und dann nach links den Grat entlang zum Gipfel (2:30 Std.). Unweit der höchsten Erhebung säumen noch einige knorrige Wetterbuchen den Weg, der Gipfel der Hohen Winde selbst ist frei (schöne Aussicht). In allen Farbabstufungen, von dunklem Grün im Vordergrund bis Blaßblau am Horizont wachsen abgerundete Bergkuppen und langgezogene Höhenzüge aus den Niederungen empor und verleihen dem Landschaftsgemälde räumliche Tiefe.

Der *Rückweg* verläuft zunächst in nordöstlicher Richtung über die Weidfläche gegen eine Viehhütte am Waldrand (Balkenmarkierung: rot-gelb). Hier ist der Einstieg für den kürzesten Abstieg zum Kloster Beinwil (1 1/2 Std.). Es ist übrigens schön auf einer Anhöhe gelegen und hat eine bewegte Geschichte. Um 1100 als benediktinische Gründung der Abtei Hirsau im Schwarzwald entstanden, entwickelte es sich bald von einer Einsiedelei zum Kloster. 1648 wurde es jedoch nach Mariastein verlegt. Zwischen 1964 und 1968 fanden zwar Renovierungsarbeiten statt, die jedoch bald teilweise durch Brand wieder zerstört wurden. Nach dem Wiederaufbau ist es heute eine ökumenische Begegnungsstätte, die der Verständigung aller Christen über die konfessionellen Bindungen hinweg dienen soll.

Wer es nicht sonderlich eilig hat, folgt dem rot-gelb markierten Hauptweg und hat an der Karten-/Höhenmarke 924 nochmals Gelegenheit zum Abstieg nach Unterbeinwil. Der längste Rückweg führt mit 2 1/2 Std. nach Erschwil. Hierfür bleibt man bis zum Rotmättli auf dem Jura-Höhenweg. Nach Passieren eines direkt auf der Gratschneide verankerten Hochspannungsmasts, unter dessen Streben der Weg hindurchleitet, führt der Pfad in

Kehren abwärts und umgeht so eine steile, felsdurchsetzte Passage in der Kammlinie. Einige Etagen tiefer erreichen wir die Mittlere Rotmatt. Leider müssen wir zum Rotmättli wieder etwas ansteigen. Dort aber sollten wir uns nicht verleiten lassen, nach Unter Bös abzusteigen. Unter großer Höhenschwankung hieße es danach wieder zum Hörnli aufzusteigen. So bleiben wir am Rotmättli weiter auf der Hauptroute, müssen zwar bis Trogberg ebenfalls etwas Höhe gewinnen, doch insgesamt umgehen wir so in weitem Bogen den Talschluß.

Wie ein Blick auf die Wanderkarte verrät, bewegen wir uns hier auf einer innerschweizer Sprachgrenze. Während wir uns von der Höhe absteigend dem Schemelhof nähern, tragen wenig westlich die Gehöfte bereits französische Namen. Vor dem Schemelhof geht es rechts ab (Markierung: gelbe Raute). Noch ehe wir von der Weidefläche wieder in den Wald eintreten, bietet sich nochmals ein Blick hinauf zur Hohen Winde. Wir nähern uns nun einigen, für den Jura so typischen Fluen. Zwischen Felsen hindurch überwindet der Weg eine Steilstufe am sogenannten Hörnli und entläßt uns in eine Waldschlucht und schließlich nach Erschwil.

Information

- **Ausgangspunkt/-ort:** Passwang, über die Passwangstraße mit Bus zu erreichen
- **Wegstrecke:** 14 – 17 km variabel
- **Gehzeit:** 4 – 5 Std. je nach Route
- **Einkehrmöglichkeit unterwegs:** Bergrestaurant Erzberg
- **Karte:** Schweizer Jura 1: 60 000, Blatt 1, Basel – Olten

Schweizer Jura

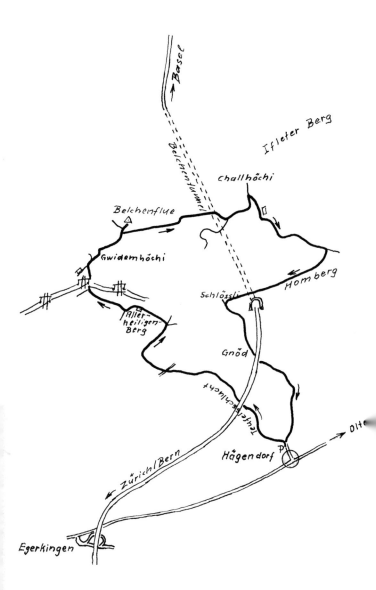

„Tüfel" in der Waldschlucht

Auf der Fahrt von Basel nach Bern gelangt man nach dem 3,2 km langen Belchentunnel auf die Südseite des Jura. Kurz nach Tunnelausgang und von vielen dort kaum wahrgenommen, überspannt die Autobahn einen nicht sehr breiten, aber tiefen bewaldeten Taleinschnitt. Das ist die Teufelsschlucht, in Schweizerdeutsch der sogenannte „Tüfel- oder Teufengraben". In der Talsohle ein Stück nach Osten gegen Olten hin liegt der Zugang in Hägendorf. Die Schlucht steht unter Naturschutz. Neben einer einzigartigen Szenerie, die sich dem Besucher über Wege, Treppen und geländergesicherten Stegen erschließt, ist dies zugleich auch ein geologischer und botanischer Lehrpfad.

Streckenführung (15 km Route)
Hägendorf – Teufelsschlucht – Allerheiligenberg – Gwidemhöchi – Belchenflue (1123 m) – Challhöchi (General Wille Haus) – Homberg – Schlössli – Gnöd – Hägendorf.

Routenbeschreibung
In der Eigasse, gleich neben dem Parkraum (COOP Geschäft), finden wir einen entsprechenden Hinweis auf die Schlucht (Markierung: gelbes Rautensymbol). Der beeindruckende Teufelsgraben gleicht einem geologischen Schaukasten. Seine steil aufragenden Felswände sind Teil des in Jahrmillionen (Erdmittelalter/Mesozoikum) entstandenen Jura, einem flachen Schelfmeer, in dem sich bis zu 1000 m Mächtigkeit Sedimente aus Kalk, Ton und Mergel ablagerten. Nach Trockenperioden ist der durch den Schluchtgraben fließende Bach zwar nur noch ein Rinnsal, und es läßt sich kaum erahnen, welch gewaltige Kraft dem Wasser an gleicher Stelle zur Frühjahrsschmelze innewohnt. Vorbei an gepflegten Rastplätzen gelangt man über den Tufft- zum Spritzbrunnen, schließlich zur Fahrstraße (Bushaltestelle Linie: Olten – Allerheiligenberg – Langenbruck). Eine Verlängerungsroute führt über diese hinweg (in Richtung Belchenflue/gelbe Raute) in die Obere Schlucht. Zwar weichen dort die engen Felswände etwas zurück, aber der Schluchtcharakter bleibt noch eine Weile erhalten. Nach ca. 1 Gehstunde erreicht man die Weidefläche um Allerheiligen. Wir queren rechts aufwärts zu einer Teerstraße (Abkürzungsmöglichkeit über Richenwil, siehe Skizze), und gelangen nach einem Linksschwenk zu einem Gehöft (Einkehrmöglichkeit) und

zur Solothurnischen Höhenklinik. Dahinter setzt sich der Wanderweg fort. Nach Passieren eines Wasserreservoirs erblickt man auf einer Wiese, von der Route etwas abgesetzt, eine große Skulptur. Weiter bergan zu einem felsdurchsetzten Kamm sind wir der Belchenflue bereits nahe. Eine uns davon trennende Talfurche wird linksseitig umgangen. Die Wanderroute mündet nachfolgend in den Europäischen Fernwanderweg (Markierung: rot-gelbe Raute). Nach weiterem Anstieg gegen ein Weidegebiet mit Gehöft wieder etwas Höhe aufgebend, steigt man dann über Gwidemhöchi (998) zur Belchenflue auf (2 1/4 – 2 1/2 Std.). Mit 1123 m Höhe ist er von den drei Belchen, dem Elsässer wie Badischen, zwar der niedrigste, aber aufgrund seiner Felsstruktur durchaus beachtenswert.

Rückweg: Zurück an den Fuß des Felsturms (Höhe 1055 m) geht es zunächst nach links bis zum Wegzeiger Belchen (Höhe 1045 m). Wenig unterhalb die Tafel „Schießbetrieb" beachten! Je nach Situation kann davon die Rückroute betroffen sein. Sofern ohne Gefahr, halten wir uns auf dem ursprünglich zu Verteidigungszwecken erbauten Weg in Richtung Hauenstein/Challhöchi (rot-gelbes Rautensymbol). Im Weidegebiet Chambersberg gibt es eine weitere Abkürzungsmöglichkeit über Fasiswald – Gnöd nach Hägendorf.

Andernfalls orientiert man sich weiter in östlicher Richtung gegen die Challhöchi. Noch davor beim General Wille-Haus (Höhe 871 m) geht es rechts ab. Wir überqueren die Verteidigungsstellung, nachfolgend die Weidfläche und steigen dann im Wald zur Homberglücke (905 m) auf. Ab dieser Einsattelung zunächst in Richtung Rickenbach wandern, nach ca. 250 m (Schlüsselstelle!) rechts nach Hägendorf abzweigen. Am sogenannten „Schlüssli" geht es zunächst ein Stück nach links die Fahrstraße entlang, dann nach rechts durch ein Waldstück und über den Richenwilweg, den kleinen Ort Gnöd, und wieder nach Hägendorf zurück.

Information

- ***Ausgangspunkt/-ort:*** Hägendorf (bei Olten)
- **Wegstrecke:** 15 km, diverse Abkürzungsmögl.
  8 bzw. 13 km
- **Gehzeit:** Untere-/Obere Schlucht 1 Std., große
  Rundtour mit Belchenflue 4 1/2 – 5 Std. (15 km)
- **Einkehrmöglichkeit unterwegs:**
  Allerheiligenberg
- **Karte:** Schweizer Jura 1, 1: 60 000, Blatt 1
- **Sonstiges:** Zur Instandhaltung der Teufels-
  schlucht vor Ort wird Kassenspende erbeten

Schweizer Jura

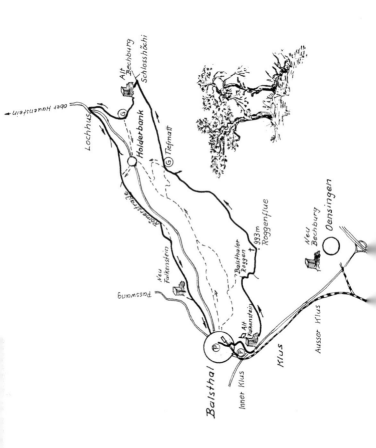

Berge, Burgen, Römerwege

Obgleich nur wenige Kilometer von der Aareebene entfernt, hat man im Schweizer Städtchen Balsthal den Eindruck, als läge es nicht am Rande, sondern im Herzen des Jura. Von bewaldeten, mitunter auch felsdurchsetzten Bergen geradezu eingeschlossen, bietet sich ringsum ein Wanderterrain vom feinsten.

Ziel dieses Vorschlags ist u.a. die 993 m hohe Roggenflue. Die Anfahrt kann sowohl mit Bus oder Bahn vom Aaretal oder von Norden über Passwang erfolgen. Kommt man mit dem eigenen Gefährt vom Aaretal aus, kann dies sowohl gleich bei der Inneren Klus, d.h. auf dem Parkplatz für das Schloßmuseum, wie auch näher zur Stadt hin (z.B. am Inseliplatz) abgestellt werden.

Streckenführung
Balsthal – Inner Klus – Schloß – Chluser Roggen – Roggenflue – Roggenschnarz – Tiefmatt (1. Abkzg. Holderbank) – Alt Bechburg – (2. Abkzg.) – Lochhus – Balsthal

Routenbeschreibung
Beginnt man die Wanderung im Stadtkern am Inseliplatz, geht es von dort zunächst ein kurzes Stück in der Falkensteinerstraße entlang und dann nach links in Richtung Bahnhof. Noch davor biegen wir aber gleich nach der Post in den Kluserweg. Rechter Hand vom Bahnhof werden nachfolgend die Geleise überschritten. Zwischen den Firmengebäuden Müller und Mondia (Beckburgerstr.) orientiert man sich nun hinüber zum Berghang. Auf dem markierten Wanderweg geht es dort nach rechts, eine breite Zufahrt zum Schloß bleibt dabei unbeachtet. Erst am Parkplatz, an der sogenannten Inneren Klus, geht der Weg über zum Teil ins Kalkgestein gehauene Treppenstufen aufwärts. Für die 500 Höhenmeter Anstieg zur Roggenflue sind 1:35 Std. angegeben. Vom Schloß Alt Falkenstein an benutzen wir den als Bergweg (Markierung: Weiß-Rot-Weiß) ausgewiesenen Steig. Vor einem Wasserreservoir rechts aufwärts bleibt man mehr oder weniger dicht an bzw. neben der Felsrippe. Krüppelkiefern haben sich an ihr wie Bonsai verankert, und immer wieder können wir von kleinen Kanzeln aus den Tiefblick zur Klus genießen.

Nach einem Fernmeldemast folgt bei ca. 760 m ü.M. eine kurze, kettengesicherte Steilstufe. Ihr schließt sich ein Stück ebenes Gelände an. Der Chluser Roggen liegt nun hinter, die eigentliche Roggenflue aber noch ein gutes Stück über uns.

Aus einer kleinen Senke heraus erneut bergan, führt uns der Weg am Rande der Weidefläche zum Wegteiler am Balsthaler Roggen (815 m). Kurz darauf mündet von rechts, eine von Schloß Neu Bechburg herleitende Route ein. Dies ist eine Teilstrecke des „Europäischen Fernwanderwegs Pyrénées – Jura – Balaton".

Am Gipfelkreuz der Roggenflue angekommen, entschädigt die grandiose Aussicht reichlich für den schweißtreibenden Aufstieg. Hat man nur etwas Glück, breitet sich im südlichen Halbrund die gesamte Alpenkette vor einem aus. Und auch die Wälder, Matten, Grate und Dächer des umliegenden Kettenjura versprechen neue, lohnende Tourenziele für zukünftige Unternehmungen.

Weiter geht es nun auf der Höhe in Richtung Tiefmatt (rot-gelbes Rautensymbol). Während seitliche Abzweigungen unbeachtet bleiben, ist es in der Kammlage nunmehr ein genußreiches Dahinschreiten auf bequemen Wegen. Erst später gibt es aus einer Senke heraus noch einen kleinen Anstieg zum Roggenschnarz, von wo aus sich der Blick nach Norden öffnet. Über den Talgrund hinweg läßt sich am Berghang oberhalb von Holderbank bereits unsere Rückwegroute ausmachen. Jetzt geht es auf Treppenstufen steil hinab, dann über die Wiese auf den breiten Weg. An der Bergwirtschaft Tiefmatt besteht eine erste Einkehrmöglichkeit (ca. 2 1/2 Std.).

Eine *verkürzte Rückwegvariante* führt kurz vorher über Holderbank nach Balsthal. Nach dem Rasthaus verläuft der Höhenweg weiter in der Kammlage. Zunächst noch auf dem Teersträßchen, setzt sich die Wanderroute wenig später geradeaus auf einem Wirtschaftsweg fort. Es folgt ein Baumriegel (zwei Drehkreuze), nach dem man eine Weidefläche durchquert. Halblinks zur Talseite hin fällt dabei bereits der Blick auf die Ruine Alt Bechburg (Ober Schloss). Der Abstieg dort hinab erfolgt aber erst kurz vor einer Hochspannungstrasse, von der sogenannten Schlosshöchi aus. Der Zugang zur Burg führt über das Gehöft unten in der Talsenke.

Geschichte

Die einstige Doppelburg oder Schloß gibt uns in vielen Details beispielhaft Auskunft über die beengten Verhältnisse einstigen Herrscherdaseins. Wie die meisten ihrer Art in strategisch günstiger Lage erbaut, hatte auch diese vornehmlich den Zweck, Brücken, Wege und Pässe zu kontrollieren, um damit die Haupteinnahmequellen Steuern und Zölle zu sichern. Im 11. Jh. Stammsitz der Grafen von Bechburg, war sie vom 13. Jh. an durch einen Nebenzweig des Geschlechts, derer von Falkenstein, zweigeteilt. Keine kriegerische Handlung, sondern ein Schadfeuer äscherte sie 1713 ein; sie wurde danach nicht wieder aufgebaut.

Nach ihrer Besichtigung leitet vom Burgzugang rechts ein Pfad abwärts und trifft wenig unterhalb des landwirtschaftlichen Anwesens auf dessen Zufahrtsweg. Auf diesem bergab, gelangen wir wenig später zur Bergwirtschaft Alt Bechburg mit schöner Freiterrasse, deren Verlockung man sich nur schwer entziehen kann.

Von hier aus gibt es einen weiteren Direktweg (2. Abkürzung) in Richtung Holderbank. Schöner und nur unwesentlich länger ist jedoch der übers Lochhus. Dazu geht es hinab in die Talsenke, etwas rechts ausweichend in Richtung Langenbruck, zur Fahrstraße hinauf und ca. 200 m nach links zurück zum Gehöft, dem Lochhus.

Die *Rückroute* auf dem bequemen Hangweg bedarf einiger Erläuterungen. Wir wandeln dabei sozusagen auf geschichtsträchtigem Boden, nämlich einer alten Römerstraße. Von Le Puy über Genf bzw. vom Aosta-Tal über den Großen St. Bernhard führte zur Römerzeit u.a. eine Süd-Nord-Verbindung von Mailand bis Mainz. Es handelte sich um Heerwege, auf denen die Legionen rasch an ihre Einsatzorte gelangen konnten, wie auch um Nachrichten-, Nachschub-, Handels- und Reisewege. Der Sperriegel des Kettenjura zwischen Mittelland und Oberrhein wurde auf verschiedenen Wegrouten überwunden. Die natürlichen Geländegegebenheiten ausnutzend verlief eine Achse über Balsthal, Ober Hauenstein, Waldenburger- und Liestal nach Augst bzw. Basel. Zwischen dem Lochhus und unserem Ausgangsort bewegen wir uns ziemlich genau auf dieser Wegtrasse. In seinem ursprünglichen Zustand erhalten sind nur noch einige wenige Teilstücke. Der größere Rest liegt unter der Asphaltdecke des heutigen Sträßchens begraben.

Auf dem Rückweg wird uns oberhalb von Holderbank eine solche Stelle angezeigt. In steilen, felsigen Passagen hat die Plackerei mit schwer beladenen Wagen Schleifspuren hinterlassen, sogenannte „Karrgeleise", die in das Kalkgestein eingegraben sind.

Vor Balsthal treffen wir nochmals auf ein solches Belegstück früherer Reise- und Handelswege. An einem Wegteiler mit Hinweistafel gehen wir rechts ab, d.h. folgen dem Symbol eines Ochsengespanns. Der Weg führt durch eine enge, steile Hohlgasse und eine Etage tiefer zurück auf den breiten Wirtschafts- und Wanderweg. Wie der Information vor Ort zu entnehmen ist, scheint hier eine Zuordnung in die Römerzeit jedoch nicht eindeutig nachgewiesen, zumindest dürfte dieser Streckenteil auch noch in nachrömischer Zeit benutzt und ausgebaut worden sein.

Information

- **Ausgangspunkt/-ort:** Balsthal
- **Wegstrecke:** 18 km, Die Route kann sowohl an der Tiefmatt wie am Berggasthaus Alt Bechburg abgekürzt werden. Unter Auslassung der Roggenflue gibt es außerdem die Möglichkeiten einer verkürzten Talwanderung (siehe Routenskizze) von ca. 14 km/4 Std.
- **Gehzeit:** 5 – 5 1/2 Std. (Abkürzungsmöglichkeiten)
- **Einkehrmöglichkeit unterwegs:** Bergwirtschaften Tiefmatt und Alt Bechburg.
- **Karte:** Schweizer Jura 1: 60 000, Blatt 1
- **Sonstiges:** Museum auf Schloß Alt Falkenstein von April bis Oktober geöffnet.
